あなたの宿命がわかる

たましいの履歴書

SPIRITUAL RESUME

著◎

（名前を入れましょう）

監修◎江原啓之

中央公論新社

はじめに

学びのチャンスを活かして生きる

私は本書であなたに語りかけます。「あなたのことを教えてください」「あなたの心の声を存分に吐露してください」と。

あなたは自分のことをよく知っているといえるでしょうか？　自分のことなのだから当たり前だと思うかもしれませんね。

けれど私は、かつて行っていた個人カウンセリング（現在は休止）を通して、また日々のなかでめぐり合う人々と接することを通じて、どれほどの人が自分のことから目をそらして生きているのかをつぶさに見てきました。

自分のことは自分がいちばんよく知っていると思うことは間違いではないでしょう。誰にも言わない、自分だけが知っている自分は確実に存在します。でも同時に、自分のことは自分には見えないというのも事実なのです。

見えないのではなく見ないようにしているといったほうがよいかもしれません。

悲しい出来事は思い出したくもない、辛いことからは目を背けたいと誰だって思います。

暗い気持ちを切り替えて一歩踏み出す強さを備えることはとても大切なことです。

ただし、それができる自分のことをポジティブだと思っているとしたら、ちょっと待ってくださいとお伝えしたいのです。その前にするべきことがあるのではないでしょうか？　とアドバイスしたいのです。

生きていれば失敗はつきもの。一度も転んだことのない人生を送る人も、後悔をしたことのない人生を送る人も一人もいないと私は断言することができます。

私たちはたましいを磨くことを目的として生まれてきたのですから。そして、たましいは失敗や挫折といった悔しくてやりきれない経験によって学びのチャンスを与えられ、自らを省みて猛省し、自力で立ち上がるときに磨かれるのです。

人生の汚点、一生の不覚と自分が思う出来事から目をそらさず、どうすべきだったのかと考え、泣きたければ泣き、二度と同じことを繰り返すまいと誓う。その作業をせずに何もなかったことにするのは、学びのチャンスを不意にすることを意味します。生きていてこれほど惜しいことはないといってよいでしょう。

死んだ気になって人生を振り返ってみる

そればかりか、学びを得るまで同じことを幾度でも経験することになってしまいます。人間関係に躓《つまず》き転職を繰り返す人しかり。いつも恋愛相手に遊ばれてしまうと苦悩する人しかり……。

そういう人の多くが自分を省みず、人のせいにしてしまいがちですが、この世に起こることはすべて自己責任。相手だけが悪いということは絶対にありません。必ず自分にも落ち度があり、反省すべき点があるはずなのです。

すなわち、それが人生の転機。過去を振り返り、あの失敗がなかったら、充実した人生を生きている自分はなかったと言えたとしたら、それこそが苦難に打ち勝った証だといえるでしょう。

今からでも遅くはありません。じっくりと過去を振り返り、どこにターニングポイントがあったのか、本当ならどうすべきだったのかについて考えてみてください。

またうれしかったことや楽しかった思い出のなかには、自分の心を喜ばせるためのヒントが潜んでいます。

自分は何を求めているのか、自分のなかのどんな部分を評価されるとモチベーションが上がるのか。評価されるためには何をするべきなのか……。

日本人はとかく、「私なんて」と謙遜し、自分の夢や希望をオープンにしない傾向にありますが、自分しか読まないノートのなかに認《したた》めることならできるのではないでしょうか。

本書の目的は、まだまだ可能性のある未来を輝かせることです。プライドや世間体といった縛りから自分を解放し、自分に正直に向き合うためには、「もしも明日死んでしまうとしたら」と想定することが効果的なのです。

そもそも「死」を見つめなければ「生」は見えません。

たとえば死に際に、家族の愛に包まれながら死にたいと思うのであれば、生きているときに家族の絆を育んでおく必要があります。「死」について考えることは、生きることについて考えることなのです。

自分のことを記しながら、一度死んだ気になって人生を振り返ってほしいとの思いから、本書は、「人生の途中経過ノート」として活用していただけるようにと考えて構成しました。

本書において、私はあなたの心を引き出すことを目的とした、いわば導きの担い手。著者はあなた自身です。最初のページや各章の扉などにご自分の名前を書き込んでいただく欄を設けたのはそのためです。自分自身に正直な気持ちで、がっちりと向き合おうという認識を高めるために、ぜひ、お名前を書き込んでから書き始めてください。

コラムは、これまでに書籍や講演を通して繰り返しお伝えしてきたことのダイジェスト版です。私の本を愛読してくださっている方であれば、どこかで目にしたことのある内容だと思います。

今回は、自分の人生を具体的に振り返りながら読むことで、より深く理解していただくことができるはず。今一度、じっくりと読み、自分の人生と照らし合わせてみてください。

そのことによって浮き彫りになった長所を活かし、短所は改善して、これからの人生に役立てていただきたいと思います。

人間関係を見つめ直し、自分が抱え込んでいるものを把握したうえで、何が必要で、これからどういう姿勢で生きるべきなのかについて熟考する。

その意味で本書は「心の断捨離本」でもあるのです。

「死」は自然の摂理

さらにエンディングノートとして使っていただくこともできます。

エンディングノートは、葬儀やお墓、相続財産の問題など実務的なことをスムーズに進めるといった目的のためだけに存在するのではありません。

あなたがこれまで生きてきた軌跡を辿《たど》り、あなたが生きた証を残すために書くのです。

あなたが現世で何を見て、どんなことを感じ、どんな思い出を胸に旅立っていったのかを知った遺族は、そこから多くのことを学びます。そして共有できる思い出を見つけます。

亡き人から受けた教訓を活かして懸命に生きていこうと考えることでしょう。強くつながっている絆を確信し、思い出を胸に強く生きていこうと誓うことでしょう。それこそが本当の意味での遺産です。

それなのに多くの人が自分のことを語らないままに逝ってしまう。理解してほしい、死んだあとも忘れないでほしいと願いながら伝えようとしないのです。

そうした人は「生きているうちから死んだときの話をするなんて縁起でもない」などと言って「死」を忌まわしいこととらえる日本の習慣を重んじているのでしょう。

けれど考えてもみてください。「死」が忌まわしいことであるなら、人はみな最後は忌まわしい存在になるということになってしまいます。

「死」は自然の摂理。スピリチュアル的な考察によれば、「死」は現世での学びを卒業し、たましいの故郷《ふるさと》に帰るということを意味します。

執着を手放して浄化するために

また、「私の遺志は言わなくても察してほしい」などと考える人もいますが、それは横着です。

たとえてみれば家族をメニューのないレストランに招き、「私が何を食べたいと思っているか当ててみて」と言っているようなもの。家族に対する甘えを超え、意地悪だといえるかもしれません。

というのも、個人カウンセリングで多かった相談内容の一つに「故人の遺志を知りたい」というものが挙げられます。

「死んだ母はどうすることを望んでいるでしょうか？」「亡き夫はこれで満足しているでしょうか？」と持ちかける相談者は一様に、「どうしたらいいのかわからない」「どうやっても後悔するような気がする」と思い煩っていました。

故人の死後、一歩も前へ進めずにいる人、親戚から「本当にそれでいいの？」と問われ困惑しているという人もいれば、遺産をめぐり骨肉の争いに発展しているというケースもあります。

いずれにせよ、生前から死後のことについてフランクに話し合っていたら、遺族が迷ったり、苦しんだりすることはないのです。

さまざまな問題を回避するためには、エビデンス（証言）となるよう書き残しておくことが非常に大切だということもあります。

そうしたことから私は、エンディングノートを残すか、残さないかで故人の家族に対する愛を量ることができると確信しています。

エンディングノートを残そうと考える人は責任主体で生きている人、エンディングノートを残そうとしない人は依存心の強い無責任な人であるということもできるでしょう。

たましいの浄化にもっとも大切なのは、浄化の妨げとなる現世に対する執着を手放すことです。

ところが、無責任な人は、死んだあとになって「あんな葬儀にされるとは思わなかった」と落胆したり、憤ったり。そうかと思えば「自分が建てた家はどうなったか?」「自分が大事にしていた着物はどうなったか?」などとハラハラしたり。

自己責任において考え、納得のいくように整理して死んだ人のたましいは、思い残すことなくあの世へ旅立つことができます。けれど、何も考えずに死んだ人のたましいは、無念のあまり未浄化霊となって現世を彷徨《さまよ》い続けることにならないとも限りません。

こうした話をしても、まだまだ自分には時間が残されていると短絡的に受けとめる方が多いようです。それが私には不思議でなりません。年齢に関係なく、誰にとっても生きていることは奇跡なのです。そのことをどうか忘れないでください。

正直に告白することがすべてではない

ここでいくつかの注意事項について触れておきたいと思います。

一気にすべてを書き込む必要はありません。じっくりと自分自身に向き合い、書けるところから書いていきましょう。

あなたの死後も遺族が困ることのないよう、遺産や遺品について記録しておくことをおすすめしますが、個人情報を記載することになりますので、盗難などに気をつけ、注意深く保管するようにしてください。

本書に書き込んだからといって法的な効力はありません。法的効力のある遺言書を必要とする場合には、それなりの手続きが必要です。そうして作った遺言書の保管場所を本書に記しておくとよいでしょう。

また、ここに記したことが、あなたの思い通りになるわけではないことを認識しておく必要があります。

「自分の遺志を書き残しているのに叶えられなかった」と悶々とすることも、現世に対する執着となってしまうからです。

自分のすべきことはしたととらえ、それを受けた遺族がどう対処するのかは委ねるというおおらかな気持ちを持ちましょう。

そして最後にもう一つ。何を書き残し、何を墓場まで持っていくのかを考えながら記してほしいと思います。何もかも正直に告白することがすべてではないということです。

たとえば、あなたが「実はわが子は夫の子どもではない」という秘密を抱えているとしましょう。そのことを今さら明かしたところで、誰か幸せになれるでしょうか？　むしろ大きな波紋を呼び、そのことにかかわったすべての人を苦しめるだけでしょう。

誰にも明かすことなく一人で背負い続ける苦しさから逃れようとするのは、自分勝手な振る舞いであることを忘れてはいけません。

大我（個人の狭い立場を離れた、愛の心）な気持ちで「書くべきこと」と「書くべきでないこと」の選別をしていただきたいと思います。

肉体は死んでも、たましいは永遠

そもそもエンディングノートの〝エンディング〟とは、現世での終わりを意味するのであって、たましいが終わりを迎えるわけではありません。

肉体は死んでも、たましいが死ぬことはないのです。

書き残しておかずとも、あの世では明白になります。それでいいと心に折り合いをつけることも非常に大切なことだと思います。

生きていくうえでも、現世だけで決着をつけようと考えると苦しいことが多いものです。

たとえば失恋。人生のなかですれ違うだけで成就しないなら、いっそ会わなければよかったととらえてしまいがちですが、来世では結ばれるかもしれない。そのために必要なレッスンなのだと考えれば救われます。

たとえば仕事。どうして自分は突き抜けることができないのだろうと悩んでいる人が目立ちますが、悔しい経験も決して無駄ではないのです。

自分の何がいけなかったのかと反省し、来世ではその反省を活かして生きようと考える。今はただ、生きていることに感謝しながら、今の自分にできることを精一杯やる。

大切なのは、経験のすべてであって、結果ではありません。

このことを深く理解していただくためには、死後の世界について知っておく必要があるでしょう。

そこで「はじめに」の最後に「たましいの行方」をお伝えしたいと思います。

死後のたましいがどういう経過で浄化していくのかを知ることで、現世を生き抜くことの必要性を認識し、ひいては充実した人生を送ることにつながるのです。

たましいの行方

まずは死が近づき昏睡状態になっている人を思い描いてください。それはあなたであるとしましょう。

あなたは、今まさに現世という名の旅を終えようとしています。

これまでの人生を振り返れば、他者に依存したり、愛を乞うたり、縋《すが》ったり。かと思えばお金に執着してみたり、どうしても結婚したい、職場で出世したいと焦ったり、虚栄心に翻弄されて分不相応な物を欲しがったり。子どもの学歴に固執したり、夫婦問題を抱え悶々としたり、大切な人やペットとの死別に怯《おび》えたり……。

誰の人生にもいろいろな時期があり、さまざまな欲望が渦巻いているものです。でも死を迎えようとしている今となってはどうでもいいことばかり。何もかも手放したおかげで、しがらみから解放され、自由に、そして楽になることができました。とはいえ一つだけ気がかりなことがあります。それは現世で培った経験と感動までもが消えてしまうのではないかという恐れ。

安心してください。お金や物といった形あるものとは異なり、現世での思い出は一つ残らず浄化の旅に持っていくことができるのです。

人間の本質は「霊＝たましい」

さて、ここで改めて、昏睡状態になっている自分の姿を俯瞰《ふかん》してみましょう。

私たち人間は、霊的な存在です。私たちは現世を生きる肉体とともに霊的本質である、幽体と霊体（たましい）が重なり合って生きている存在なのです（『あなたは「死に方」を決めている』（中央公論新社）参照）。肉体は私たちのたましいが、現世を生きているあいだだけ利用する着ぐるみに過ぎないのです。たましいと肉体の関係性は、運転手と車にたとえるとわかりやすいかもしれません。

私たちの思考も感情も言動も、すべてを司っているのはたましい。たましいと肉体は終生共にあるわけですが、死を間近に控えたあなたのたましいは肉体から静かに離れ、肉体のお臍《へそ》の辺りから伸びるシルバーコード（霊体が肉体にエネルギーを送り込むための臍の緒ならぬたましいの緒）によって、かろうじてつなぎ止められている状態です。

着ぐるみをすべて脱ぎ去ったら、あるいは運転手が車を降りたら、それがすなわち現世での「死」です。たましいが上昇するにしたがい、シルバーコードはチューインガムのように伸び、最後は細い糸を引くようにして静かに肉体から離れます。

そうして私たちのたましいが向かうのはスピリチュアルワールド（あの世、霊的世界）。でも決して怖くはありません。なぜならスピリチュアルワールドは、私たちが現世に生まれてくる前にいた、たましいの故郷なのですから。

「幽現界」で現世に対する未練を断ち切る

肉体を離れたあなたのたましいは、現在、現世と重なり合うように存在する「幽現界」というあの世とこの世の狭間にいます。

余命宣告を受けていた人のたましいは、生前から覚悟をしているため、死んだことをすんなりと受け入れることができるでしょう。けれど不慮の事故や脳卒中などで急死した人のたましいは、死んだことに気づかないこともあります。

そうした場合には、自分の葬儀を見て悟ることが多いようです。たとえば知り合いの多くが向かう葬儀についていったら、そこには自分の遺影が飾られていて家族が涙していた。その様子を見て、自分が死んだことを知るといった具合です。

ここに葬儀をする意味があるのですが、このことについては、あとのコラムに譲り、話を先に進めることとしましょう。

「幽現界」にとどまる時間は人それぞれですが、多くのたましいは、仏教でいうところの「四十九日」程度。神道でも心霊学の世界でも、たましいは五十日ほど現世にとどまると考えられています。

この段階で、遺族のことが心配で仕方がない、遺した財産の行方が気になる、許せない人がいるなどの理由から現世に執着しているたましいは、「幽現界」に長くとどまる究極の未浄化霊になってしまうのです。

現世での心のありようで決まる「幽界」でのステージ

現世に対する未練を断ち切ったあなたが次に向かうのは「幽界」。「幽界」は無数のステージ（階層）に分かれているのですが、どのステージに行くのかを自分で選ぶことはできません。

あなたが向かうステージは、あなたが現世で生きていたときの波長の高さ、つまり心のありようによって決まるのです。

スピリチュアリズムの概念には天国も地獄もありませんが、最上層部は現世でいうところの天国。光に満ちた明るい場所です。最下層部は俗にいう地獄。真っ暗でどんよりとしています。

そのあいだにある無数に分別された層は、最下層部から最上層部に向かうにしたがって明るく、グラデーションを描きながら存在していると想像してください。

たとえば、あなたが生前に人の悪口や批判、不満ばかり言っていたとしたら、僻《ひが》みっぽいたましいばかりが集うステージへ。過剰なまでに自信家であった人のたましいが進むステージには、傲慢だった人のたましいが集っているのです。

「幽界」では、最初にたどりついたステージにしばらく滞在することになりますが、「こんなところにいてはいけない」と猛省したとき、次のステージへ移行することができます。たましいは、このようにして浄化していくのです。

「幽界」から「霊界」へ

やがて最上層部へ行きついたたましいは、「もっと他者に貢献することのできるたましいになりたい」という新たな気づきを経て、「霊界」へと進みます。

ここまで浄化が進むと、名前も姿かたちも、性別さえも必要としなくなり、光となります。そうして現世で得た経験と感動の記憶だけを持って類魂（たましいの家族）の待つグループ・ソウルへ溶け込みます。

グループ・ソウルは「霊界」にいくつも存在し、あなたはそのなかの一つから生まれてきました。因《ちな》みにグループ・ソウルという故郷を持たないたましいはいません。

それぞれのたましいが現世で得た学びを持ち帰るため、グループ・ソウルにはたくさんの叡智《えいち》があります。

現世で見守ってくれている守護霊も、同じグループ・ソウルの出身。私たちが現世で試練に見舞われたとき、自己責任において前向きに生きようとする人に示される啓示、あるいはインスピレーションは、守護霊が与えてくれるグループ・ソウルのなかにある叡智なのです。

死後の世界に時間の感覚はありませんが、「霊界」に至るまでの経過を現世の時間に換算すると三十〜五十年と言われています。仏教で五十回忌を一区切りとしているのはそのためでしょう。

「霊界」に進むとき、幽体も脱ぎ捨てて光の存在となるため、「第二の死」と呼ばれますが、ここでもまだ、たましいが完全に浄化しているわけではないのです。

「霊界」にたどりつき、光となったあなたのたましいは、「どうぞ私の現世での学びをグループ・ソウルのために使ってください」という気持ちを抱いて、グループ・ソウルのなかに溶け込み、渾然一体《こんぜんいったい》となります。

たとえていうなら、グループ・ソウルはコップであり、あなたは一滴の水。そして私たちの使命はグループ・ソウル全体の水を透明にすること。コップの水が完全に透明になれば、神の領域である「神界」へ到達した証拠です。

私たちは自らの意志で生まれてきた

あなたが現世で得たさまざまな学びを持ち帰ることによって、コップのなかの水は透明度を増しました。けれど、まだまだ足りません。

グループ・ソウルという故郷では心穏やかに過ごすこともできますが、大我に目覚めたあなたのたましいは、グループ・ソウル全体が神に近づくことができるよう、再び新たな経験と感動を求め、現世へと再生します。

より自身の霊格（人格）を向上させるためにふさわしい宿命を選んで。

長い長い道のりが続きますが、その営みを繰り返すことでのみ、グループ・ソウル全体が高い叡智と深い愛を備え、神と同化するのです。それは幸せになるため。すべてのたましいが愛となることこそ、すべてのたましいが幸せとなるからです。

現世の死は旅の終わりではなく、旅の一つの節目に過ぎないことをご理解いただけたでしょうか？

私たちはみな、辛いことは承知のうえで、現世へと飛び出した勇気のある挑戦者。ダメなたましいなど一つも存在しません。守護霊から見守られていない孤独なたましいは一つもありません。

どんなことがあっても果敢に生き抜こうとする人は必ずグループ・ソウルとプラグがつながり、叡智を与えられるのです。

守護霊の存在に感謝しながら、神の子である自分の力を信じて、ただひたすらに歩み続ける。それが現世を生きるということなのです。

あなたの宿命がわかる

たましいの履歴書

目次

Contents

第2章 私の思いについて

第3章 私の備忘録

構成◎丸山あかね
　　　やしまみき
イラスト◎牛尾　篤
装幀◎山下英樹（ディクショナリー）
本文ＤＴＰ◎今井明子

このノートの書き方について

心を落ち着けて、自分と向き合う時間を持ちましょう

このノートは、あなた自身のたましいに向き合いながら、そして自分の人生を振り返りながらやさしく書けるよう、順番や内容を工夫しています。選択肢があるものには印をつけ、空欄には書き込みましょう。

心を落ち着けて、静かに自分のたましいと向き合うつもりで、最初の項目から書き始めるのがおすすめです。しかしながら、なかなか書き出せないときは、書きやすい項目から書き始めてかまいません。たとえば、名前や誕生日といった基本情報はすぐに書けるのではないでしょうか。

また、すべての項目を一度に書こうとしなくてもいいのです。思い浮かばないときや考えがまとまらないときは、時間をおいてから書いてもかまいません。

状況や気持ちが変わったら書き直しましょう

誰かに形見の品を渡したいと記していても、その相手が自分より先に亡くなってしまう場合もあります。自分が新たな仕事に就いたり、あるいは辞めたりすれば、経済状況や人間関

係も変わってくるでしょう。そんなときにはすでに書いた内容を改めたい場合もあるのではないでしょうか。

このノートは、あなたの状況や気持ちが変わったときには、いつでも書き直してかまいません。

その時々、自分がいちばん残したい、伝えたい気持ちを書きましょう。

常に新しい情報をもとにこのノートが活かされるために、わかりやすく書くことが大切です。

古い情報は二重線などを引いて、削除の意思がきちんとわかるようにしましょう。

新しい情報はすぐそばに書きましょう。いずれも、いつ変更したのか年月日を書き添えることも忘れないでください。

31ページには、「書き始めた日と改訂日の記録」がありますので、併せて利用しましょう。

スペースが足りないときは工夫しましょう

何度も書き直していると、スペースが足りなくなるかもしれません。その際には別紙を付けたり、もう一冊ノートを用意するなど工夫をしましょう。新しい情報と古い情報が混じらないよう、きちんと追加した日の記録も記しておきましょう。

一年に一度は見直しましょう

人生は日々変化しています。それに伴って、書き換えておいたほうがいい箇所が出てくる場合もあるかもしれません。

書き上げたあとも、一年に一度は内容を見直し、気持ちを整理しながら、書き換えの必要があるかどうか検討しましょう。

情報管理には気をつけましょう

このノートには資産やプライベートな情報を記入する欄があります。盗難などの被害に遭わないよう、管理には十分に気をつけましょう。

とくにキャッシュカードの暗証番号やマイナンバーなどは全桁すべてを記載しないなど、各自で工夫をしてください。

法的な効力について

このノートには、遺言書のような法的効力はありません。

遺産相続などについて法的効力を持たせたい場合は、正式な遺言書を用意し、その保管場所を記しておきましょう。

もちろん法的効力がなくても、自分に万が一のことがあった場合、このノートが大きな意味を持つことは「はじめに」で述べた通りです。幅広くあなたの思いや希望を書くことができるぶん、あなたの意思やあなた自身の人となりがより伝わりやすくなるはずです。

●書き始めた日と改訂日の記録

書かれていることが十年前の意思なのか、つい一週間前の意思なのかでは、かなり印象が違います。

このノートに最初に書き込んだ「書き始めた日」、またある程度完成したのち、「書き直しを加えたのはいつか」という意味で「改訂日／最終更新日」は、記しておきましょう。

書き直した箇所それぞれに改訂日を記しておくのと同時に、この記録一覧にも記しておけば、いつ書き直したかが一目でわかります。備考に変更したページを記しておけばよりわかりやすいでしょう。

● 書き始めた日　　　　年　　月　　日

● 改訂日／最終更新日　　　備考（変更したページなど）

・　　　年　　月　　日

・　　　年　　月　　日

・　　　年　　月　　日

・　　　年　　月　　日

・　　　年　　月　　日

・　　　年　　月　　日

・　　　年　　月　　日

・　　　年　　月　　日

第1章

私

（名前を入れましょう）

という人について

監修◎江原啓之

あなたのことを教えてください

「第1章は、あなたの人となりについて記す章です。

性格や人生で感じたよろこびなど、あなた自身を振り返りながら書いていきましょう。

ここからは、私、江原啓之があなたのガイド役となって、あなたが書きやすいように導いていきます。私の問いかけに答えるように書き込んだり、あるいは文章の空欄部分を埋めたり、選択肢に印をつけたりしながら、進んでみてください。

さあ、まずは江原啓之に、あなたの名前と誕生日を教えてください」

あなたの性格

「あなたはどんな性格ですか？

長所や短所はどんなところでしょうか？

自分で思うことと人から言われることは違うかもしれません。そういう部分があれば、一緒に挙げてみてください」

あなたのことを教えてください

● 私の名前は ＿＿＿＿＿＿＿＿ です。
（名前を入れましょう）

● 生年月日は ＿＿＿＿ 年 ＿＿＿＿ 月 ＿＿＿＿ 日です。

● 出身地は ＿＿＿＿＿＿＿＿＿＿＿＿＿＿ です。
（出生地や生まれ育った都道府県を入れましょう）

● これから私、＿＿＿＿＿＿＿＿ のことをお話しします。
（名前を入れましょう）

あなたの性格

● 私 ＿＿＿＿＿＿＿＿ は、総じて言うと
（名前を入れましょう）

□ 几帳面　□ のんびり屋　□ マイペース　□ せっかち　□ 無口
□ おしゃべり好き　□ 社交的　□ 一人が好き　□ おおらか　な性格です。

● また、＿＿＿＿＿＿＿＿＿＿＿＿＿＿＿＿＿＿ な
（ほかにどんな性格かを入れましょう）
一面もあります。

● あなたの長所は何ですか?

自分で思う長所は ＿＿＿＿＿＿＿＿＿＿＿＿＿＿ です。

人からは ＿＿＿＿＿＿＿＿＿＿＿＿＿＿＿＿ が、
長所だと言われます。

● あなたの短所は何ですか?

自分で思う短所は ＿＿＿＿＿＿＿＿＿＿＿＿＿＿ です。

人からは ＿＿＿＿＿＿＿＿＿＿＿＿＿＿＿＿ が、
短所だと言われます。

Column 1

家族はたましいの学校で共に学ぶ仲間

親との折り合いが悪い、きょうだいで憎しみ合っているなど、家族のことで悩んでいる人は大勢います。

けれど家族との出会いは宿命で決まっています。あなたにとっての愛の修行にふさわしい家庭環境をあなたは自ら選んで生まれてきたのです。

つまり家はたましいの学校。親は先輩であり、祖先はOB、OG、きょうだいはクラスメイト。家族間で起こる摩擦には、たましいが成長するための鍵が隠されているのだということを忘れてはいけません。

たとえばお母さんが口やかましい人だとします。すると子どもはガミガミと指図される側の苦痛を知り、ときには見守ることも愛情だと痛感する。これは反面教師としての学習です。

スピリチュアリズムで見ると、人の年齢には「肉体の年齢」のほかに「たましいの年齢」があります。「肉体の年齢」とは現世を生きてきた年数。「たましいの年齢」とは、現世への再生を繰り返すなかで、どれだけたましいを磨いてきたかという〈たましいの成熟度〉のことです。親を尊敬できないという人もいますが、その場合には親より子どものほうが、たましいの成熟度が高いのかもしれません。

けれど多くの場合、お母さんのことを否定してはいても、毎日欠かさずお弁当を作ってくれたことなどから、愛情を感じていたりするものです。だからこそ突き放すことができずに真剣に悩むわけですが、ここでは忍耐や寛容さが求められます。

鬱陶しいなと思いつつ、自分に向けられた愛を受けとめ、「やはり母親を憎みきれない」と許すことで、人はたましいを向上させていくことができるのです。

このように、家族との共同生活のなかには「愛を知る」という生きていくうえでの基本となる学びがあります。自分に自信をなくしてしまったときには、どれだけ自分が愛を注がれて育ったのかを再確認するために、幼い日のアルバムをめくってみることをおすすめします。愛の充電をすることができるでしょう。

血のつながっている家族にこだわる人も少なくありませんが、家族に血のつながりは無関係。広い意味でいえば、私たちはみな地球規模での家族なのです。近所に親から虐待を受けている子どもがいるとして、「あんな親に育てられた子どもはかわいそうだ」などと批判するのは他人事としてとらえている証拠。「助けられない自分が悪い」と自らを責め、対処に向かって立ち上がるのが人の情というものです。

さて、あなたが家族のなかで育んだ愛は、大我であるといえるでしょうか?

Column 2

自分という素材を知り、活かす

なぜ自分は家族との縁が薄いのだろう、なぜ自分はお金で苦労するのだろう、なぜ自分は結婚できないのだろうなどと嘆くときに抱く「不条理だ」という憤りは、多くの場合、他者との比較によって生じます。

人はみな、ないものねだりをしてしまいがち。多くの人は幸せの数を数えるのが下手で、それでいて不幸の数を数えるのは天才的に上手なのです。本当は十分に幸せなのに、他者と自分を部分的に比べて、もっともっとと欲深くなってしまうわけですが、ダメなものはダメ。すべてを手に入れることなどできません。また、何かを手に入れれば、何かを失うということも知っておくべきでしょう。

生まれ持っての気質というのも宿命の一つですが、誰にでも長所と短所があります。自分の長所はどこで、短所はどこなのかと、まずは自分を知る。そのうえで自分という素材をどう活かして生きていくのかを考える。このセルフプロデュースができるかできないか。ここが運命の分かれ道だといっても過言ではないのです。

南国の花を寒い土地に運んでしまったら枯れてしまいます。逆もしかりで、高山植物を南国で育てようとしてもうまくはいきません。南国の花は、その宿命を受け入れ、南国で生きると決める。高山植物は南国に対する憧れを潔く手放し、自分が生きやすい環境を選ぶ。その流れに逆らえば、個性を活かしきれずに終わってしまうのは人も同じです。

といって諦めることが最良の道とも限らず、並外れたエネルギーを備えていれば、あるいは環境が整っていれば、新たな品種として生き抜くことも可能です。一か八かの勝負に挑むか、無難な道を選ぶのか。その決断を下すのは自分でしかありません。ただし、どんな結果になっても悔やまないという覚悟のある人の人生は、結果にかかわらず死ぬまで輝き続けることでしょう。

あなたは自分の宿命について、自分の気質について、じっくりと考えたことがありますか？　自分は何をしたいのか？　自分はどう生きたいのか？　立ち止まって整理することのないまま走り続けてはいませんか？　もしもそうだとしたら、そこにこそ不幸や不満の種が潜んでいます。そもそも自己分析もせず、自分に適した仕事やパートナーを見つけようなどという発想自体が横着なのです。

ぜひ、こうしたことを踏まえたうえで人生を振り返っていただきたいと思います。そうして感じたことを無駄にせず、これからを生きるために活かしてください。人生はいつからでも仕切り直すことができるのです。

人生のよろこび

「あなたのこれまでの人生で、よろこびと感じたことを書いてみてください。思いつくまま、いくつでもかまいません。たとえば、子どもの頃の思い出やうれしかったことなどを思い出してみましょう。

いつ、どんなことがありましたか？どんなよろこびを感じましたか？

さあ、目をつぶって、じっくりと振り返ってみましょう」

私の人生でのよろこびには、こんなことがありました

人生の試練

「あなたのこれまでの人生で、試練と感じたことを書いてみてください。

悲しかったこと、辛かったこと、頑張ったこと、悔しかったことなどを思い出してみましょう。

いつ、どんなことがありましたか？

そのときどんな思いでいましたか？　そして、どう乗り越えようとしましたか？

どんな学びを得ましたか？

さあ、目をつぶって、じっくりと振り返ってみましょう」


私の人生での試練には、こんなことがありました

Column
3

結婚はゴールではなく修行のスタート

結婚は人生のメインテーマではありません。

人生の軸はあくまでも「個」であり、結婚や出産、仕事といった選択は、あくまでもデコレーション。つまり結婚は、人生という名の旅のなかのオプショナルツアーなのであり、選ぶか選ばないかは個人の自由です。

結婚は恋愛の末にある幸せのゴールだととらえて夢見る人もいるようですが、恋愛は夢、結婚は現実。恋愛は感性の学び、結婚は忍耐の学び。ラブラブな状態で結婚したとしても三年も経てば情熱は失せます。

いずれにしても、スピリチュアル的視点では、結婚は修行の一つにほかなりません。一人でいれば自分のペースをある程度保つことができます。でも結婚生活においては、夫の事業が失敗したり、子どもがいる場合には子どもが他人に迷惑をかけたりと、自分以外の人に振り回され、ペースを狂わされることの連続。もちろん、そこに学びがあるわけで、その学びが必要だからこそ、既婚者は結婚の機会を与えられたのです。

結婚相手を選ぶポイントは、人生を切りひらくための同志としてふさわしいかどうか。ですから私は「結婚指輪の交換は、つるはしの交換である」と思っています。雨の日も風の日も猛暑の夏もひたすらに山を掘り続ける。文句を言いながら、ときには励まし合いながら、家族のためにという共通の思いを心に秘めて掘り続ける。すると砂金が出てきて、それが気づくと金の塊になっていて、金婚式（結婚五十周年）を迎えているというわけです。人は結婚を通じて、一人で生きていたのでは味わうことのできない感動を知るのです。

もちろん、独身者には独身者の学びがあります。

独身者は孤独と結婚したといえるのですが、孤独であるがゆえに学ぶ愛もあるのです。大切なのは自由であるという独身者のメリットを活かして存分に生きること。結婚をした友人など、隣の芝生を羨んで過ごすほど無駄な時間はありません。

結婚というオプションを選んではみたものの、自分らしくないチョイスだったなと気づいたならキャンセルすることも可能です。

ただし離婚には「逃げの離婚」と「卒業の離婚」があります。現状から逃れたいという一心で決断する感情的な離婚は、後悔を招くことになるでしょう。

一方、冷静な気持ちで自分自身の心を見つめ、何がいけなかったのか、これからどうするのかと熟考したうえでの理性的な離婚は、一つの修行からの卒業。離婚後も過去を振り返ることなく、前を向いて歩んでいくことができるのです。

Column 4

人生に無駄な経験は一つもない

現世での「幸せ」というと、お金や地位、健康や美貌に恵まれていることと考えてしまいがちですが、それは物質主義的価値観によるもの。実はスピリチュアリズムの観点からいう「幸せ」とは「試練」とイコールなのです。

私たちは感動するためにこの世に生まれてきました。

感動というのは喜怒哀楽のすべて。うれしいことや楽しいことばかりではなく、悲しいことや苦しいことなど、心が動かされることのすべてを含みます。

失恋、離婚、会社の倒産など、生きていく過程には、現世でいうところの失敗もあるでしょう。けれど、そのなかで味わう悔しさややりきれなさもまた心を動かし、結果として大きな学びにつながるのです。その意味では、失敗は失敗ではなく天からの愛の鞭《むち》。苦難はその人が果たすべき現世でのカリキュラムと密接な関係にあり、意味のない試練も、超えることのできない苦難を与えられることもありません。すべては、この人なら必ず超え、たましいの向上をはかるだろうという守護霊の導き。人生に無駄な経験など一つもないのです。

たとえば夫の浮気が原因で離婚をしたといった場合。誰だって、どうしてこんなことになってしまったのだろうと苦悩することでしょう。けれど相手のせいにするのではなく、自分にも落ち度があったと認めたうえで、ならば仕方がないと立ち上がる人には、仕事のチャンス、新たな恋愛のチャンスなどさまざまなギフトが与えられます。

苦しみの最中にいるときには見えないかもしれません。けれど私は、かつて悲痛な面持ちで離婚相談にみえた方が（現在、個人カウンセリングは休止中）、過去を振り返り、「当時は悲劇でしかないと感じたあの出来事がなかったら、今の自分はなかった。今となっては夫の裏切りに感謝したい気持ちです」と語る姿を数えきれないほど数多く見てきました。

そうした人は、依存心を捨て、自律することをカリキュラムの一つに掲げて生まれてきたたましいの持ち主であると考えることができます。

いずれにしても、苦境のときには投げやりにならず、この苦しみにどんな意味があるのだろう？　と考えてみる必要があるのです。想像力を伸ばし、傲慢さを捨て、感謝の気持ちをもって生きることが大切なのです。そうすればきっと波長の高い人間関係に恵まれ、さらにたましいを向上させていくことができるでしょう。

失敗を恐れずにたましいを磨いてください。人生は短い。ボヤボヤしていると、カリキュラムを果たす前に、あの世からお迎えがきてしまうのです。

愛のアルバム

「あなたの愛の電池を満たすアルバムを作りましょう。

赤ん坊のあなたが家族と写った写真、学生時代に友達と笑い合っている写真、楽しい思い出の写真などを貼りましょう。

『ひと言』欄には、一緒に写っている人のことやそのときの気持ちなど、当時を思い出せるコメントを添えてみて。幼い頃で自分が覚えていないときは、覚えている人に尋ねてみましょう。

もし写真がなければ、楽しい思い出をイラストや文章にしてもいいですよ。

あなたはたくさんの愛を受けて、人生を生きてきました。このアルバムを見返せば、自分に注がれたその愛を見つめ直すことができ、たましいが癒やされるはずです」

私の愛の思い出

● ひと言

私の愛の思い出

ひと言

私の愛の思い出

● ひと言

Column 5

恋愛は感性を磨くたましいのレッスン

私たちは友人関係に続き、恋愛を通じてさらに、たましいの学びを深めていきます。「相手は自分のことをどう見ているのだろう?」と想像し、「どうすれば相手に好意を抱いてもらえるのだろう?」と真剣に思案し、「やみくもに思いを伝えては相手を追い詰めることになりかねないし……」といった具合に慎重になります。

こうしたことから私は「恋愛は感性の学びである」ととらえています。

恋愛においては、友人関係を築くうえでは抱くことのなかった独占欲や激しい執着心を伴います。自分の心をどう制御するのか——。それは人間力を備えるための大切なレッスン。つまり、恋の成就や失恋を繰り返すことでしか培うことのできない感性があるということです。

やがて「相手に好意を抱いてもらいたい」というだけの小我（個人的な欲望に捕われた心のあり方）から、「相手のために」という大我（個人の狭い立場を離れた、愛の心）を少しずつ覚えていく。

生きるということは、人との関係性を通じて小我から大我へと向かっていくことなのです。自己愛から利他愛へと進化を遂げることは、自然の摂理だといえるでしょう。

相手の気持ちを尊重するという感性の学びは恋愛にとどまらず、社会のなかで生きるうえでも応用の利く大切な要素となっていきます。

たとえば職場での人間関係は複雑で一筋縄ではいきません。とはいえ嫌いな上司であろうと、苦手な取引先の人であろうと、相手に合わせていかなくてはいけない。周囲のことを考えて仕事をするという社会人としての良識が問われるからです。

実際、社会のなかでは、相手の欠点を見逃し、許すといったことができないと、つまり大我にならないと物事がうまく運ばないということが多いもの。心が柔軟な若いうちに恋をたくさんして、感性を磨いておくことの大切さを思います。

最後に失恋の苦しみについて触れておきましょう。

残念ながら、どんなに思いを寄せても恋が成就しないということもあります。それはあなたにとって、ふさわしい学びの相手ではなかったということ。潔く諦めたほうがよいのです。ままならないことがあると知る。それもまた一つの学びです。「あなたには別の人がいますよ」という守護霊からのメッセージであることも考えられます。無理やり事を運ぼうとすれば人生を歪めてしまうことにもなりかねません。

自己愛からくる執着や、打算に翻弄された感情は、本当の愛ではないのです。そのことに気づいたとき、人はまた一歩、大我に近づいたといえるのです。

旅

〜これまでとこれから〜

「あなたはどんな旅をしてきたのでしょう。楽しかった旅の写真を貼ってみませんか？忘れられない風景や食べ物、出会った人との思い出の数々。写真にはいつ、どんな旅だったのか、コメントを忘れずに添えましょう。

写真がなければ、そのときのエピソードを書いたり、イラストを描いたり、絵はがきなどを貼ってもかまいません。

そして、あなたはこれから、どんな旅をしたいですか？

行ってみたい国や場所のこと、そこでやってみたいことなどをぜひ書いてください。パンフレットの写真などを貼ってもいいですよ。

さあ、旅の計画を立ててみましょう」

これまでの旅の思い出

これからの旅の計画

これから やってみたいこと

「あなたがこれからやってみたいことは何ですか？」

●私には、これからやってみたいことがあります。

それは ＿＿＿＿＿＿＿＿＿＿ です。

＿＿＿＿＿＿＿＿＿＿ までには始めたいと思っています。
（始めたい時期を書きましょう）

●ほかにもやってみたいことがあれば、リストにしてみましょう。
優先順位をつけると計画が立てやすくなります。

やってみたいことリスト	優先順位

これからも続けたいこと

「あなたには、これまで続けてきたものが何かあるのではないでしょうか？

趣味や習慣、あるいは日々、心がけている信念のようなものでもいいのです。それをぜひ、書いてみてください。つい最近、始めたことでもかまいませんよ」

● 私が続けているのは ＿＿＿＿＿＿＿＿ です。

始めたのは ＿＿＿＿＿＿＿＿ で、
（始めた時期を書きましょう）

きっかけは ＿＿＿＿＿＿＿＿ でした。
これからも続けていきたいと思っています。

● ほかにも続けていること、これからも続けたいことがあれば、
リストアップしてみましょう。

続けていることリスト	始めた時期	きっかけ

Column 6

運命は自分で切りひらくもの

誰にとっても人生はままならないものです。といって、うまくいかない出来事を運命のせいにしてはいけません。

この世に偶然はなく、すべてが必然。

よい人との出会いは心を温かくしてくれるでしょう。やる気や勇気や希望を与えてくれることもあるでしょう。けれど、あなたを批判する人や裏切る人、騙す人もまた生きていくうえで大切な教訓を与えてくれる存在なのです。

昔から耳の痛いことを言う人は神様だと思えと言います。裏切る人に遭遇して初めて人は他者の痛みを知り、人に騙されるという経験を通じて、この世においしい話はないことを悟り、一歩ずつ着実に生きていこうと心を定めることができるのです。

このように人生の流れは、与えられた人間関係のなかで、蒔《ま》いた種は必ず刈り取ることになるという意味の「因果の法則」、類は友を呼ぶという意味の「波長の法則」によって自分で作るもの。つまり運命は自分で切りひらくものです。

運命と宿命を混同している人もいるようですが、運命と宿命は違います。宿命とは、生まれた時代や場所、性別や家族など、自分の力では変えることのできない要素のこと。生まれ持った体質や性質、容貌なども宿命です。

「運命」と「宿命」がどう絡み合って人生を作っているかについては、ショートケーキにたとえて考えてみるとわかりやすいでしょう。ショートケーキのスポンジの部分が「宿命」、デコレーションの部分が「運命」。スポンジは変えようがありませんが、デコレーションは工夫次第で、いかようにも変えることができます。

たとえばの話。結婚したいと言いながら「出会いがない」などとぼやいている人がいますが、そういう人に限って自分の家に引きこもっていたりします。本気で結婚したいと思うのなら、魚のいっぱいいる釣堀へ足を運ばなくては。そして一気に釣り上げる。運命をひらくポイントは、タイミングと念力なのです。

運命は変えることができるものなのに、行動を起こさないのは怠惰。「因果の法則」により、怠惰であるという因果は孤独を引き寄せてしまう。「波長の法則」により、どんよりとした波長は刺激的な友達を遠ざけ、ますます縁遠くなる。恋愛に限らず、人生が負のスパイラルに陥る構図はみんな同じです。

他者に迷惑をかけるような生き方はいけませんが、あなたの人生の主役はあなたです。現世での人生は一度きりなのですから、世間体に縛られることなく、思いのままに生きていくことが大切。あなたは自由に生きているといえますか？

Column 7

仕事には天職と適職がある

生きていくうえでの大きな問題の一つに、仕事に関することがあります。人生の多くの時間を仕事に費やすのですから当然でしょう。食べていくことと直結していることもあって、リストラをされたり、勤めていた会社が倒産してしまうなどという出来事は、誰にとっても一大事です。

けれど、仕事のあることに感謝している人がいる一方で、仕事内容や職場の環境に対する不満を募らせている人が多いのもまた事実。

「職場が楽しくない」「苦しいことが多すぎる」「一所懸命にやっているのに認められない」といったものが目立ちますが、職場は仕事をする場所であり、もとより楽しいところではないのです。苦しいこともお給料のうち、一所懸命に取り組むのは当たり前のことなのではないでしょうか？

入ってみたらイメージと違った、などの理由で転職を考える人に対する私のアドバイスは、「三年頑張ってみましょう。転職を考えるのはそのあとです」というもの。〈石の上にも三年〉という諺《ことわざ》の通り、同じことを三年も継続していれば見えてくるものがあります。三年くらい頑張らなくては見えてこないものがあるともいえます。それが何かといえば、自分のなかの強さや弱さ、得意なことと不得意なこと、できることとできないこと、継続することの大切さ、自信、そして希望。

転職には「ステップアップの転職」と「転落の転職」があると知ることも大切だと思います。

前者の特徴は「前の会社には感謝している」と言えること。後者の特徴は「前の会社は最低だった」と不満タラタラなこと。後者である場合には、どんな会社へ、幾度転職してもうまくいきません。仕事をしていくうえでのトラブルを他者のせいにするのは、たましいの成長が停滞している証拠なのです。

人と人は「波長の法則」によって引き合いますが、人と仕事、人と職場もまたしかり。学ぶことがあるからこそ必然的に生じた流れであることを忘れてはいけません。

仕事の悩みに押しつぶされないための方策としては、報酬を得るための「適職」とは別に、ボランティアで何かを人に教えるなど、自分のたましいを喜ばせるための「天職」を持つことです。天職があれば、利害関係のない多くの人と触れ合うことができ、迷路を抜け出すための活路を見出すことができるでしょう。

ワーカホリックになっている人もいますが、それは本末転倒。仕事をするために生まれてくる人はいません。人はみな、生きるために働くのです。

私の風物詩

「あなたにとって、大切にしている季節の行事や欠かせない風物詩はありますか？

たとえば、『年越しには大掃除を欠かさない』『お正月には新しい下着を身につける』といったことや、『いちばん寒いときには味噌を仕込む』『毎年、この時期にはこの果物を欠かさず食べる』、あるいは、おせちのメニューや楽しみにしている地域の行事、あなたの家に代々伝わる行事などでもいいでしょう」

私が大切にしている風物詩

季節・時期	内容

好きなもの

「あなたの好きなものは何ですか？

それがあることで楽しくなったり、うれしくなったり、ワクワクしたり、元気になったり、あるいは心がとても落ち着いたりするのかもしれません。もしかしたら理由もなく好きなものもあるでしょう。

花、食べ物、色、場所、インテリア、店、ファッション、本、音楽、映画、趣味、スポーツ、季節、香り、あるいはこんなことをしている時間など、あなたの好きなものを挙げて、リストにしてみましょう」

私の好きなものリスト

心の歌

「あなたの心に残る歌は何ですか？

子どもの頃によく口ずさんだ歌、聴くと思い出がよみがえる歌、あるいはカラオケで必ず歌う定番曲や懐かしい時代を思い出すコマーシャルソングかもしれませんね。あなたの心の歌や好きな歌手をリストにしてみましょう」

私の心の歌リスト

苦手なもの

「あなたの苦手なものは何ですか？

どうにも好きになれない、心が落ち着かないもの、もしかしたら理由もなく苦手なもののもあるでしょう。

食べ物、におい、動物、場所、あるいは暑さや寒さが苦手ということもあるかもしれません。あなたの苦手なものを挙げて、リストにしてみましょう」

私の苦手なものリスト

宝物

「あなたにとって、かけがえのない宝物は何ですか？

それは物でしょうか？　人でしょうか？　もしかしたら大切にしている信念や特別な思い出かもしれませんね。

そんな、あなたにとっての宝物を教えてください。

まずはとっておきの宝物を一つ、書いてみましょう。

そして、もっとたくさんある場合は、『私の宝箱』のページに、自由に、いくつでも書いてみてください。写真などがある場合は、一緒に貼ってもいいでしょう」

私の宝箱

● 私にとってかけがえのない、宝物は

.... です。

● そのほかにも宝物があります。それを「私の宝箱」に詰めてみました。

第2章

私

（名前を入れましょう）

の
思いについて

監修◎江原啓之

あなたの思いを教えてください

「第2章は、あなたの思いについて書く章です。

自分の心をより深く見つめて、思っていること、ずっと思っていたことなどを書き留めましょう。


自分の思いを書き残すとき、伝える相手がいるのといないのでは、気持ちの込め方や筆の進み具合も違うのではないでしょうか？

誰か伝えたい相手がいるのであれば、ぜひその人のことを思いながらノートを書き進めてください。もしも相手を思い浮かべにくいならば、私、江原啓之に伝えるように、書いてみてください。


一つだけ気をつけることがあります。それは思いやりです。

どんなことを書いてもいいですが、思いを伝える相手への思いやりは忘れないようにしましょう。また、このノートはいつか、あなたのいないところで人の目に触れるかもしれません。そのときに読む人が困惑するようなことは書かないほうがいいでしょう」

私への手紙

「自分から自分へ、手紙を書いてみませんか？

たとえば今の自分から、過去の自分への手紙。あの頃、苦しんでいた自分に、今の自分からの励ましを書いてみるのです。あるいは過去の自分に謝ったり、褒めてあげたりすることがあるかもしれません。

また、これからの自分への手紙。等身大の自分を伝えながら、さらなる成長を願う気持ちを書いてみてはいかがでしょう。

そうやって過去へ、未来へと思いを馳せてみて、俯瞰して自分自身を見つめることはあなたにとって、大切な内観になるはずです」

私への手紙

の私へ

（いつ頃の自分宛か書きましょう）

年　月　日の私より

私への手紙

＿＿＿＿＿＿＿＿＿＿＿の私へ
（いつ頃の自分宛か書きましょう）

＿＿＿年＿＿＿月＿＿＿日の私より

私からの手紙

「家族へ、友人へ、あるいはお世話になった人へ、伝えたい思いを手紙に書きましょう。

今はもう会えない人や、亡くなった人への思いでもいいのです。

手書きの手紙は、実際に出さなくても、あなたの思いをテレパシーのように伝えてくれます」

私からの手紙

さんへ
（相手の名前を書きましょう）

年　月　日　より
（自分の名前を書きましょう）

私からの手紙

さんへ
（相手の名前を書きましょう）

年　月　日　より
（自分の名前を書きましょう）

私からの手紙

　　　　　　　　　　　　さんへ
（相手の名前を書きましょう）

　　年　　月　　日　　　　　　　　より
（自分の名前を書きましょう）

今こそ残したい、記しておきたいこと

「日々の会話のなかで話していても、間違って覚えたり、忘れたりしてしまうのが人間です。『お母さんのあの料理、作り方を話では聞いていたけれど、うろ覚えで味が再現できない』『おじいちゃんの戦争体験、もっとちゃんと聞いておけばよかった』という経験は、ないでしょうか?

そんな経験を反面教師にして、自分にとって大切なこと、残しておきたいこと、思いを、ここに書き記しましょう。

得意料理や家族が好きな料理のレシピ、戦争体験、大切な思い出など、何でもかまいません。あとで誰が読み返してもわかるように書くよう心がけましょう」

今こそ残したい、記しておきたいこと

について

（テーマや題名を書きましょう）

Column 8

人は誰も一人で生まれ、一人で死ぬ

人はその生涯のなかで幾度も悲しい出来事に遭遇し、落胆を覚えます。数ある試練のなかでも愛する人との死別は厳しく、立ち直るまでに時間がかかることもあるでしょう。それは人としての感性が備わっている証拠です。

けれど、いつまでも泣き暮らしていては前に進むことができません。どのような試練であっても、現実を受けとめ、そこからどう立ち上がっていくかを冷静に考えていく。学びこそが生きる目的であることを忘れてはいけないのです。

現世に生まれた私たちが共通に学ぶべきことに、「自律心を養う」というものがあります。自分のことは自分の責任下において自分で決めるということです。

自己責任で生きるためには相応の覚悟が必要ですが、腹を括《くく》ることで、あらゆる人間関係のしがらみや、期待を裏切られるなどの恐れから解放されることでしょう。

自己責任で生きることを孤独ととらえる向きもありますが、孤独は自分の怠惰が作り上げるもの。人とのつながりを大切にしながら、哲学を持って生きることを「孤高」といいます。

ですから私は「孤独死」という言葉にも違和感を抱くのです。人は誰も一人で生まれ、一人で死んでいく。それが宿命です。その覚悟のできている人までを孤独だと憐れむのはおかしい。孤高に生き、孤高に死ぬ人の死は「満足死」と呼ぶべきなのではないでしょうか。

といって自分が死んだあとのことは知らないというのでは、自己満足に終わってしまいます。「これにてご免!」と煙のように消えてしまえるのなら話は別ですが、実際には死に際の世話や死後の世話をしてくれる人の存在が必要。

誰にどんな形で世話になるのか、そのためにはどんな生き方を心がけなくてはいけないのか。今日が最後の日だとしたら自分はどんな態度で人に接するのか……。死について考えることは、今をどう生きるのかについて真剣に考えることなのです。

自分の死のタイミングを自己責任のもとに自分で決めたいという人もいます。安楽死がそうですが、スピリチュアルな見解では、寿命を人工的に断ち切る安楽死は自殺と同じ。安楽死は、延命措置をせず自然死を迎える尊厳死とは違います。「寝たきりになったら、自分はもう生きる価値がない」などという理由から行う安楽死を認めてしまえば、寝たきりの生活をする人たちを否定することになってしまう。その矛盾に気づいてください。

私たちは価値があるから生きるのではない。生きることに価値があるのです。

秘密の扉

「自分の思いを書き残したいけれど、できれば人の目には触れさせたくない場合もあるでしょう。あるいは、時間が経ってからなら読んでもかまわないと思う場合もあるかもしれません。

このページは、いわばあなたの秘密のページ。

書いたあと、付録のシールでページを封印し、封印日を明記しましょう。それで袋とじは完了です。

もし自分の死後にこのノートが人の目に触れた場合、このページをどうするかについては『秘密の扉』についての希望』欄で、きちんと明記しましょう。

ただし、自分の願い通りに周囲が行動しない可能性もあります。その覚悟を持ち、万が一の場合、ここに書く内容が周囲に及ぼすことへの配慮を忘れないようにしましょう」

「秘密の扉」についての希望

● 私 ＿＿＿＿＿＿＿＿＿＿＿＿ が、
（名前を書きましょう）

このページを

＿＿＿＿ 年 ＿＿＿ 月 ＿＿＿ 日に封印しました。

● 封印されたこのページは、

□ **決して開封せず処分してください。**

□ **私の死後は開封してもかまいません。**

私の希望が叶いますよう、
このノートを手にした方にお願い申し上げます。

封印

第3章

私

（名前を入れましょう）

の
備忘録

監修◎江原啓之

きちんと書き残すことが愛の証です

「人生には思いがけないことが起きます。そんな「もしも」のとき、周囲にどれだけ迷惑をかけずにいられるか――あなたの愛の大きさ、深さが試されるときです。

現世という物質界でどれだけ多くの事務手続きや決断が必要かは、あなたご自身がよくご存じでしょう。それをほかの誰かが行わなければならないとき、少しでもスムーズにできるように準備をしておくのが、あなたの役目です。

また、備忘録としてさまざまな情報を書き込むうちに、自分にとって本当に必要なものがはっきりと見えてくるでしょう。それが現世で生きる自分自身の整理になり、これからの人生を無駄なく生きるきっかけにもなるはずです。

改めて申し上げますが、防犯上、管理には気をつけましょう。

キャッシュカードの暗証番号やマイナンバーなど、知られては困る情報はなるべく書かないことをおすすめします」

基本情報

● 氏名

● 住所

● 生年月日　　年　　月　　日

● 出生地　　● 本籍地

● 血液型　　● アレルギー　□有　□無
（アレルギーが出る食品・薬・その他）

● 自宅電話番号　　● FAX

● 携帯電話番号

● メールアドレス（パソコン・タブレット）

● メールアドレス（携帯電話・スマートフォン）

● LINE ID

● 勤務先名

● 勤務先住所

● 勤務先電話番号　　● FAX

● 仕事用携帯電話番号

● 仕事用メールアドレス

● 仕事用メールアドレス

Column 9

子育てはたましいのボランティア

「子どもは親を選べない」と考えている人がいますが、スピリチュアルな世界では、私たちは自分の課題をクリアするのにふさわしい家族を選んで生まれてくるのだととらえています。

かつて行っていた個人カウンセリングの相談者のなかには、子育てに自信がないとおっしゃる方が少なからずいました。そうした方々に対して私は「あなたはお子さんから『この人なら共に学び合える』と見込まれたお母さんなのですから、自信と誇りを持ってお子さんと向き合い、学びの多い日々に感謝しながら過ごしてください」とお伝えしていたのです。

妊娠・出産は生まれてきたいと望むたましいに体を貸してあげる行為であり、子育てはたましいのボランティア活動なのです。

ところが子どもは天からの預かりものだという認識に欠け、自分の分身のように、あるいは所有物のようにとらえて「優秀な学校へ行って家を継ぐのよ」などと、子どもを支配しようとする親が目立ちます。

私は親が子どもに干渉してよいのは十五歳くらいまでだと考えています。その間に一生分の愛を注ぎ、礼儀や世の中の仕組みを教えたら、あとは「どんな大人になるのかな?」と楽しみにしながら待つ。それが無償の愛です。

支配しておいて「あなたのためを思って言うのよ」などと恩に着せるケースもありますが、自分の見栄や都合を優先するのは、子どもに対する愛ではなく「自己愛」だといえるでしょう。

そうした人が子育てのあとに陥ってしまいがちなのが「空《から》の巣《す》症候群」。「私は子どものために生きてきたのに」などとナーバスになってしまうのですが、子どもの自立を素直に喜ぶことができないというのはいかがなものでしょうか?

自分たち親が死んだあとも一人で強く生きていける人間に育てることが、子どもに対する親の義務であり愛です。

日本に古くから伝わる〈可愛い子には旅をさせよ〉という言葉の通り、転ばぬ先の杖を取り上げ、ときには心を鬼にして崖から突き落とすくらいの信念を持って、子育てをしていただきたいと思います。

大切なのは厳しさと優しさのメリハリとバランス、そして会話。気持ちは言葉に表さなければ伝わりません。親子として結ばれた現世でのかけがえのないときを慈しむ気持ちがあれば、心を通わせるのは決して難しいことではないのです。

各種身分証明書

- 健康保険証
  - 記号・番号など：
  - 備考（保管場所など）：
- 年金手帳
  - 記号・番号など：
  - 備考（保管場所など）：
- 介護保険証
  - 記号・番号など：
  - 備考（保管場所など）：
- 運転免許証
  - 記号・番号など：
  - 備考（保管場所など）：
- パスポート
  - 記号・番号など：
  - 備考（保管場所など）：
- 印鑑登録カード（実印）
  - 記号・番号など：
  - 備考（保管場所など）：
- マイナンバー（全桁は書かない）
  - 記号・番号など：
  - 備考（保管場所など）：

学歴・職歴

年／月	**履歴**（学校名・勤務先など）

緊急連絡先

緊急時に自分で連絡できない場合、連絡をとってほしい人（家族、友人、弁護士など）は誰ですか？

●連絡の優先順位①

名前 ………………………… 私との関係 …………

電話番号（携帯電話番号） …………………………

住所 …………………………

●連絡の優先順位②

名前 ………………………… 私との関係 …………

電話番号（携帯電話番号） …………………………

住所 …………………………

●連絡の優先順位③

名前 ………………………… 私との関係 …………

電話番号（携帯電話番号） …………………………

住所 …………………………

家族、親戚、友人、知人のリスト

●名前

●続柄・間柄（友人／仕事関係等）

●連絡先

●自分にもしものことがあった場合に連絡するタイミング

□入院時　□危篤　□死亡後の葬儀前　□葬儀が終わってから

□知らせなくてよい　□その他

●名前

●続柄・間柄（友人／仕事関係等）

●連絡先

●自分にもしものことがあった場合に連絡するタイミング

□入院時　□危篤　□死亡後の葬儀前　□葬儀が終わってから

□知らせなくてよい　□その他

●名前

●続柄・間柄（友人／仕事関係等）

●連絡先

●自分にもしものことがあった場合に連絡するタイミング

□入院時　□危篤　□死亡後の葬儀前　□葬儀が終わってから

□知らせなくてよい　□その他

●名前 ____________________ ●続柄・間柄（友人／仕事関係等） ________

●連絡先 ____

●自分にもしものことがあった場合に連絡するタイミング

□入院時　□危篤　□死亡後の葬儀前　□葬儀が終わってから

□知らせなくてよい　□その他 ____________________

●名前 ____________________ ●続柄・間柄（友人／仕事関係等） ________

●連絡先 ____

●自分にもしものことがあった場合に連絡するタイミング

□入院時　□危篤　□死亡後の葬儀前　□葬儀が終わってから

□知らせなくてよい　□その他 ____________________

●名前 ____________________ ●続柄・間柄（友人／仕事関係等） ________

●連絡先 ____

●自分にもしものことがあった場合に連絡するタイミング

□入院時　□危篤　□死亡後の葬儀前　□葬儀が終わってから

□知らせなくてよい　□その他 ____________________

●名前 ____________________ ●続柄・間柄（友人／仕事関係等） ________

●連絡先 ____

●自分にもしものことがあった場合に連絡するタイミング

□入院時　□危篤　□死亡後の葬儀前　□葬儀が終わってから

□知らせなくてよい　□その他 ____________________

●名前

●続柄・間柄（友人／仕事関係等）

●連絡先

●自分にもしものことがあった場合に連絡するタイミング

□入院時　□危篤　□死亡後の葬儀前　□葬儀が終わってから

□知らせなくてよい　□その他

●名前

●続柄・間柄（友人／仕事関係等）

●連絡先

●自分にもしものことがあった場合に連絡するタイミング

□入院時　□危篤　□死亡後の葬儀前　□葬儀が終わってから

□知らせなくてよい　□その他

●名前

●続柄・間柄（友人／仕事関係等）

●連絡先

●自分にもしものことがあった場合に連絡するタイミング

□入院時　□危篤　□死亡後の葬儀前　□葬儀が終わってから

□知らせなくてよい　□その他

●名前

●続柄・間柄（友人／仕事関係等）

●連絡先

●自分にもしものことがあった場合に連絡するタイミング

□入院時　□危篤　□死亡後の葬儀前　□葬儀が終わってから

□知らせなくてよい　□その他

●名前　　　　　　　　　　　●続柄・間柄（友人／仕事関係等）

●連絡先

●自分にもしものことがあった場合に連絡するタイミング

□入院時　□危篤　□死亡後の葬儀前　□葬儀が終わってから

□知らせなくてよい　□その他

●名前　　　　　　　　　　　●続柄・間柄（友人／仕事関係等）

●連絡先

●自分にもしものことがあった場合に連絡するタイミング

□入院時　□危篤　□死亡後の葬儀前　□葬儀が終わってから

□知らせなくてよい　□その他

●名前　　　　　　　　　　　●続柄・間柄（友人／仕事関係等）

●連絡先

●自分にもしものことがあった場合に連絡するタイミング

□入院時　□危篤　□死亡後の葬儀前　□葬儀が終わってから

□知らせなくてよい　□その他

●名前　　　　　　　　　　　●続柄・間柄（友人／仕事関係等）

●連絡先

●自分にもしものことがあった場合に連絡するタイミング

□入院時　□危篤　□死亡後の葬儀前　□葬儀が終わってから

□知らせなくてよい　□その他

● 名前 .... ● 続柄・間柄（友人／仕事関係等）..........

● 連絡先 ....

● 自分にもしものことがあった場合に連絡するタイミング

□ 入院時　□ 危篤　□ 死亡後の葬儀前　□ 葬儀が終わってから

□ 知らせなくてよい　□ その他 ....

● 名前 .... ● 続柄・間柄（友人／仕事関係等）..........

● 連絡先 ....

● 自分にもしものことがあった場合に連絡するタイミング

□ 入院時　□ 危篤　□ 死亡後の葬儀前　□ 葬儀が終わってから

□ 知らせなくてよい　□ その他 ....

● 名前 .... ● 続柄・間柄（友人／仕事関係等）..........

● 連絡先 ....

● 自分にもしものことがあった場合に連絡するタイミング

□ 入院時　□ 危篤　□ 死亡後の葬儀前　□ 葬儀が終わってから

□ 知らせなくてよい　□ その他 ....

● 名前 .... ● 続柄・間柄（友人／仕事関係等）..........

● 連絡先 ....

● 自分にもしものことがあった場合に連絡するタイミング

□ 入院時　□ 危篤　□ 死亡後の葬儀前　□ 葬儀が終わってから

□ 知らせなくてよい　□ その他 ....

Column 10

友達は自分を映し出す鏡

人は友人関係を通じて、自分中心な言動をすれば仲間外れにされてしまうのだということを悟り、協調性を備えていきます。

つまり友人を作るという最初の関門をクリアすることのできない人は、どこまで行っても自己中心的。コミュニケーション力が命ともいえる社会のなかで、うまく生きていくことはできません。

ここで改めて周囲を見渡してみてください。怠け者、時間を守らない人、打算的な人、愚痴ばかり言っている人、デリカシーに欠ける人……。

もしも、あなたの周りにいる人が程度の低い人ばかりだとしたら、それはあなたが低い波長を発している証拠です。

逆に、優しい人、明るい人、潑剌《はつらつ》と過ごしている人、公明正大な人、話しているだけで刺激を受け、自分も頑張ろうという気持ちになるといったポジティブなエネルギーを放つ人に囲まれているなら、あなた自身が高い波長を発しているのでしょう。

友達は自分自身を映し出す鏡。このことをスピリチュアリズムの世界では「波長の法則」と呼んでいます。

このように人と人は波長によって引き合うわけですが、そうした人と親しい関係性になるとは限りません。極端に嫌悪する人のなかにも自分を見ることができるのです。

人と接するなかで、「この人は鼻につくなぁ」と感じることはありませんか？　それは自分の欠点を他者のなかに見たときに湧き起こる感情。

たとえば、ブランド物のバッグを持っている人を見て「あの人は見栄っぱりだ」などと激しく批判したくなるのは、自分のなかの虚栄心が刺激されてしまうから。自分の欠点を見ているようで耐えられないのです。

さて、ここまでお話ししたうえで、改めて伺いたいのですが、あなたの抱く「友達の定義」とはどのようなものでしょうか？

黙って愚痴を聞いてくれる人や常に寄りそってくれる人を求めているのなら、それは単なる依存に過ぎません。友達とは、イエスマンではなく、あなたが間違っているときには間違っていると伝えてくれる人のことです。

友達との距離感を保つためには腹八分ならぬ腹六分を心がけること。

人はみな、基本的には一人。自分で考え、自力で生きていく覚悟を備えることが何よりも大切。そもそも自立している者同士でなければ、依存し合うことはできても、真の友情を育むことなどできないのです。

Column 11

ペットは宿命で結ばれた人生のパートナー

子育てと同様に、ペットを育てることもたましいのボランティア活動です。自分で産んだわけではないのに？　という声が聞こえてきそうですが、人間が養子縁組をした場合も、家族としての絆はきちんと築くことができます。ペットは立派な家族なのです。

スピリチュアルな世界には、ダーウィンの進化論とは別のたましいの進化論があります。人間に向かって進化を続けているペットは、人間により近づくためにはどうしたらよいのだろう？　と考え、飼い主を選んでやってくるのです。

もちろんペットを飼うことで、人間にも学びがあります。人は愛されることのみならず、愛することでさらに深く愛を覚えます。ペットを飼うことによって心が安定する。ペットに対する気持ちが仕事での頑張りにつながるなど、さまざまな場面で生きる活力となることでしょう。

動物のオーラは単色で、オレンジがかったクリーム色をしています。ペットが人の心を癒やすのは、温かみのある純粋なオーラを放っているからなのです。

ペットは言葉ではなくオーラによって意思の疎通をはかります。人間の放つオーラから、自分を守ってくれる人かどうかを見分け、飼い主が疲れている、落ち込んでいる、怒っているなどといった心や体の状態を感じ取り、慰めたり、寄りそったり、甘えたり……。そうした経験の積み重ねによって、たましいを磨いていく。つまり飼い主とペットは共に成長しながら生きているのです。

大切な家族であるペットの死は辛い出来事ですが、飼い主がいつまでも悲しんでいたのでは、ペットの未練が募り、浄化することができません。別れを悲しむより、出会えたこと、共に過ごした幸せな日々に感謝しましょう。それに、あの世で再会することができるのですから、しばしのお別れでしかありません。そう思えば乗り越えることができるのではないでしょうか？

ペットの亡骸《なきがら》は、庭に埋めたりせず、動物専用の火葬場で火葬してください。動物には動物の死後の世界がありますので、過度な葬式をしたり、飼い主と同じお墓に入れるなど人間と同じように扱うのは間違いです。

また自分が死んでしまった場合に備え、遺されたペットの引き取り先を決めておく必要があります。この人に託そうと決めたら、先方の承諾も得たうえで書面に遺しておくことがとても重要。ペットの面倒を見てもらうための費用として、遺産のなかから渡してほしい金額も添えておくことが望ましいのです。

ペット

●ペットの種類

●名前　●性別　●生年月日

●特徴

●エサの種類、回数など

●血統書　□なし　□あり（保管場所）

●登録番号

●かかりつけの動物病院

連絡先

●ペット保険

保険会社

商品名／証券番号　連絡先

●自分で世話ができなくなったとき、ペットの処遇をどうしたいですか？

□世話を頼みたい人・団体がいる

名前や連絡先

□その他

●備考

- ペットの種類

- 名前　　　　　　　　　　● 性別　　　　● 生年月日

- 特徴

- エサの種類、回数など

- 血統書　□なし　□あり（保管場所）

- 登録番号

- かかりつけの動物病院

　　連絡先

- ペット保険

　保険会社

　商品名／証券番号　　　　　連絡先

- 自分で世話ができなくなったとき、ペットの処遇をどうしたいですか？

　□世話を頼みたい人・団体がいる

　　名前や連絡先

　□その他

- 備考

Column 12

病はたましいからのメッセージ

病気は重なり合っている肉体と霊体（たましい）が不調和を起こし、ズレてしまったことによって生じる現象です。

スピリチュアルな視点で見ると、病気の原因は「肉体の病」「運命の病」「宿命の病」の三種類に分けて考えることができます。

「肉体の病」は、体の酷使や不規則な生活による体調の乱れによって起こる病のことで、休息をとれば治ります。逆にいえば、休息をとらせるために守護霊が仕向けた病であるともいえます。

「運命の病」は、別名「思いぐせの病」。心配性であったり、頑固であったりといった〝思いぐせ〟によって起こる病です。

なぜだかわからないけれど、どこに行っても人間関係のトラブルが絶えない、などと悶々としていたりする人は、自分の〝思いぐせ〟を自覚していないのでしょう。そうした人にシグナルを送るのが「運命の病」。いうなれば「たましいのＳＯＳ」です。

そのため「運命の病」の症状は、その人のたましいの状態を象徴しています。たとえば、呼吸器系の疾患は、人を束縛したり、追い詰めたりすることで「息苦しい」気持ちにさせている人にみられるケースが多いのです。

そのほかにも、注意深さに欠ける人は目のトラブル、人の話を聞かない頑固な人は耳のトラブル、自我の強い人は頭痛、融通の利かない人は関節炎、不平不満の多い人は消化器系などなど。

「運命の病」は、素直にサインを受けとめ、〝思いぐせ〟を改めれば、次第に症状が改善していくことも。

「宿命の病」は「霊の病」ともいいますが、その人のたましいのカリキュラムにかかわる宿命的な病気のことを指します。先天的な疾患、事故などで後天的に障害を背負ってしまうケース、寿命も含まれます。

治す力、前向きに生きようという力、病気と仲良くやっていこうと達観する力、宿命を受け入れる力……。ままならない人生のなかで諦めず歩み続ける力を備えたとき、その人は宿命としての病に気持ちのうえで打ち勝ち、人生を輝かせることができる。大きな大きな学びだといえるでしょう。

病気を通じて人の愛を知ることもあるでしょう。命の尊さを悟ることもあるでしょう。大切なことに気づくことができたなら、宿命としての病をプラスに変えることができたといえるのです。

Column 13

認知症は、人生の苦しみを表す

認知症によって、それまで矍鑠《かくしゃく》としていたお父さんが駄々っ子のように泣き出したり、優しかったお母さんが「バカヤロー」などと叫ぶ姿を目の当たりにした家族は、一様に大きな衝撃を受けます。けれど、実は認知症の症状は、その人が生きてきたなかで「人生の苦しみ」の表れであることがほとんどなのです。

上品だった人が、激しく人を罵倒するようになったり、暴れ始めたりするのは、本当は言いたかったことをグッと堪《こら》えてきたのだととらえることができます。嫁ぎ先で理不尽な思いを募らせていた、横暴な夫の言動に耐えてきたといったケースが多いようです。

食事への執着が強くなるという症状は、戦争中に満足に食べることができなかった経験のある人に多くみられます。お金を隠したり、お金に固執したりする人はお金に苦労したことがトラウマになっているのでしょう。徘徊をする人は、束縛された生活が続き、いつもどこかへ逃げたいと思っていたのかもしれません。

「こうしたかった」という思いが強い人は、自分のなかに積もった心の澱《おり》を表現してからでないと死ぬに死ねないということなのです。

認知症は傍から見れば気の毒な状態であっても、本人にとっては幸せだといえるでしょう。なにしろ長年、我慢してきた思いを吐き出すことができるのですから。

介護の大変さばかりがクローズアップされてしまいがちな認知症ですが、救いはほかにもあります。

これは苦労の多い人生を歩んだ人にいえることなのですが、認知症になって初めて心の安らぎを覚えるといったことがあるのです。子どもに先立たれるなど、受け入れがたい試練を抱えたまま絶望的な気持ちで生きていた人が、認知症になって幸せだった頃にタイムスリップすることもあります。

また、認知症になることによって、死に対する恐怖から解放されるというのも、救いだといえるのではないでしょうか。

認知症は、今まで知らなかった両親や祖父母といった家族の隠してきた感情や、生き様を知る貴重な機会。家族が認知症になってしまったと嘆いたり、本人に厳しく接したりすることなく、愛と理解を持って寄りそうことが大切なのです。

そして、安心してください。認知症とは、肉体という乗り物の誤作動。運転手のたましいが、理性によって操縦することが不能となるだけのことなのです。たましいはいつも健康なのです。だから死後は覚醒します。

医療

かかりつけの病院および現在通院中の病院

●医療機関名

連絡先

●診察券番号(保管場所)

●診療科　　担当医

●医療機関名

連絡先

●診察券番号(保管場所)

●診療科　　担当医

●医療機関名

連絡先

●診察券番号(保管場所)

●診療科　　担当医

かかりつけの歯科医院

●医療機関名

連絡先

●診察券番号（保管場所）

●担当医

●備考

いつも飲んでいる薬

お薬手帳

□あり（保管場所）

□なし

これまでにかかった大きな病気など

●病名

●治療期間（発症時期含む）

●医療機関

●備考

●病名

●治療期間（発症時期含む）

●医療機関

●備考

●病名

●治療期間（発症時期含む）

●医療機関

●備考

これからの治療についての希望

●命にかかわる病気になった場合、病名や余命の告知はどうしてほしいですか？

□病名も余命も正確に伝えてほしい

□病名も余命もいっさい知りたくない

□病名だけは知りたいが、余命は知りたくない

□具体的に告げられたい言葉がある

どのような言葉か具体的に

上を選んだ理由

●延命治療についての希望はありますか？

□できる限りの延命治療をしてほしい

□延命治療はすべて拒否し、痛みをとる緩和ケアだけにしてほしい

□できるだけ延命治療はしてほしくない

どの程度の治療を望むか具体的に

上を選んだ理由

● **そのほか、治療についてとくに希望があれば、具体的に書きましょう。**

（例「口から食べられなくなったら胃瘻《いろう》はせず点滴のみにする」など）

介護

●介護についてどのような希望がありますか?

□自宅で介護サービスを利用しながら家族・親族に世話をお願いしたい

□自宅で介護サービスを利用しながら一人で暮らしたい

□介護施設で過ごしたい

□入りたい介護施設を決めている

施設名・連絡先など

□希望はないので家族・親族にまかせる

□その他

上を選んだ理由

●そのほか、介護についてとくに希望があれば、具体的に書きましょう。

(例「積極的にリハビリをしたい」など)

●介護費用についてどう考えていますか?

□私の預貯金・資産を使ってほしい(139ページ参照)

□加入している保険がある(148ページ参照)

□家族・親族にまかせる

□その他

●病気等により自分で判断ができなくなった場合に財産管理を頼んでいる人は誰ですか?

□家族・親族に頼んでいる人がいる

名前と連絡先

□任意後見契約、委任契約など契約している人がいる

名前と連絡先・契約書類の保管場所など

人生のフィナーレの夢

● **最後を迎えたい場所はどこですか?**

□自宅

□病院

□家族・親族にまかせる

□その他(具体的な候補地、あるいは理想の場所のイメージ)

● **最後に一緒にいてほしい人は誰ですか?**

私が最後に一緒にいてほしい人は

さんです。

● **最後に食べたいものは何ですか?**

私が最後に食べたいのは

です。

● **最後に見たい景色はどんな景色ですか?**

私が最後に見たい景色は

です。

●最後を迎えるまでに会っておきたい人はいますか?

□いない

□いる

私が最後を迎えるまでに会っておきたい人は

…………………………………………さんです。

●最後を迎えるまでにやっておきたいことは何ですか?

私のやりたいことは54ページにあるようにたくさんあります。
でも、もし最後を迎えるまでにやりたいことをあえて挙げるならば

…………………………………………です。

その理由を以下に書きます。

臓器提供・献体

臓器提供を希望しますか?

□希望する

・臓器提供意思表示カード　・健康保険証の裏　・運転免許証の裏

に記入済み

保管場所

□日本臓器移植ネットワークに登録済み

ID

□その他団体に登録済み

名称　　　　連絡先

□希望しない

献体を希望しますか?

□希望する

登録している団体がある場合の登録先

　　　　連絡先

□希望しない

Column 14

嫁ぎ先の家はたましいの第二の家族

「家族はたましいの学校で共に学ぶ仲間」というコラムでお伝えしたように、実家の家族は「たましいの学校」。個が集い、互いにたましいを磨き合っているのです。

嫁ぎ先の家族も同じ。嫁ぎ先は「たましいの第二の家族」といえるでしょう。

「結婚相手と縁があることはわかるけれど、結婚相手の家族とはどうなのだろう？」と不思議に思う人もいるようです。とくに嫁姑問題など嫁ぎ先の人間関係で苦悩している人は、「なぜこの人たちと家族になったのだろう？」と理不尽な気持ちになるかもしれませんが、出会いはすべて必然。

意味があるからめぐり合うのです。苦手な舅や嫌いな姑であっても、学びを深め合う仲間なのです。

もとより家族という学び舎は大変な所ですが、第二の学校の厳しさは生半可なものではありません。まして同居となると、たましいの学習のレベルもかなり高度なものとなりますが、「自分は厳しい修行に挑戦する勇気あるたましいの持ち主である」と誇りに思って乗り越えましょう。

ただし、仕事を持つ、趣味を持つなど逃げ場を作ることは大切。そうした「個」としての時間を持つことで、姑の嫌味もさらりとかわすことのできる自分でいられます。また「人たらし」であることも必要です。相手に対するリップサービス、つまり言霊サービスができるかどうか。

ことさら「よい嫁」を気取ってもメッキがはげるのは時間の問題ですが、自然体で振る舞いつつも、「ありがとうございます」「いつも感謝しています」とポジティブな思いはきちんと言葉にする。皮肉を言われても「いたりませんで」と、まずは自分の非を認め、言いたいことがあれば、お互いに冷静になった頃を見計らって伝えるようにするとよいのです。

しかし、何といっても嫁ぎ先の人間関係の要となるのは夫。夫の立ち居振る舞いにすべてがかかっているといっても過言ではありません。夫が極度なマザコンである場合などには、感情がこじれ、嫁ぎ先の人間関係を修復できないこともあります。耐えに耐え、尽くしに尽くしたけれど、最後までぎくしゃくとして報われないこともあるでしょう。現世で解決しないことはいくらでもあるのです。

けれど焦る必要はありません。あの世へ行けば、誰が正しくて、誰が間違っていたのか明白になります。自律して生きていれば、あの世では必ず報われる。そのことを信じて、淡々と生きることが非常に大切だと思います。

Column
15

葬儀は故人が死を認識するための儀式

身内や知人との死別は、時として唐突に訪れます。にわかには信じることができずに呆然としてしまいがちですが、通夜や葬儀に参列することで実感が湧いてきた——。そんな経験がどなたにもあるのではないでしょうか。

故人のたましいも同様です。なかでも死後の世界を信じていなかった人の霊は、自分に何が起きているのか理解することができません。そのために自分はいつもと変わらないのに、誰にも気づいてもらえないなどとパニック状態になってしまう。

死後、故人のたましいは浄化の旅に出ますが、死を受け入れることができなければ、未浄化霊となって現世を彷徨い続けることになってしまわないとも限りません。

だからこそ葬儀が必要なのです。葬儀は単なるセレモニーではなく、「あなたは死んだのですよ」と故人に死を自覚させるための大切な儀式であることを認識していただきたいと思います。

故人のたましいは、ほぼ例外なく自分の葬儀の場にいます。葬儀では悲しみに暮れるだけではなく、故人の霊との対話を心がけてください。「あのときは楽しかったね」「現世で会えてよかった」「あの世でまた会いましょう」と心のなかで話しかけるのです。思いは念となって必ず故人に届きます。

〈遺影〉生前から自分で用意しておくのが望ましいと思います。用意していない場合には、遺影は故人がいちばん輝いていたときのものにするとよいでしょう。

〈戒名〉仏教で葬儀を行う場合に便宜上つけるもの。戒名の良し悪しなど霊界では何の意味もないので俗名のままでも問題ありません。そもそも故人のたましいは自分の戒名を知りませんので、戒名で呼びかけても無駄なのです。その意味では、生前に自分で好きな戒名を作っておくのもよいと思います。

〈宗教〉死後の世界には宗教による差別はありません。浄化と宗教は無関係です。

〈死に装束〉死に装束には「欲のない清らかな気持ちで、まっすぐに浄化してほしい」という意味があります。嫌なら死に装束の上に自分らしい服をかけてほしい旨を書き残しておくとよいでしょう。

〈生前葬〉身寄りのない人、自分の葬儀にこだわりのある人には、「人生感謝祭」などと銘打った生前葬をおすすめします。会いたい人に会って、伝えたいことを伝えておくことで、すんなりと浄化することができるのです。昨今では家族葬が増えていますが、密葬とはいえ知人からお香典や供花が送られてくることもあります。生前葬を終わらせておけば、バラバラにお返しする手間を省くこともできるでしょう。

遺言書

●遺言書を作成していますか?

□作成していない
□作成している
・自筆証書遺言　・公正証書遺言　・その他

作成年月日

保管場所

備考

●遺言について依頼や相談をしている場合の連絡先

事務所名･名前

住所

連絡先

葬儀の希望

● 葬儀はどのくらいの規模で行いたいですか?

□ 多くの人に参列してもらい、できるだけ盛大にしてほしい
□ 派手ではなくても、寂しくない程度にしてほしい
□ 家族だけの密葬にしてほしい
□ 生前葬をしているので、葬儀はしなくていい
□ 葬儀はしてほしくない

上を選んだ理由

● およその予算金額はどのくらいを考えていますか?

円くらい

● 葬儀費用を準備していますか?

□ 費用を準備している
□ 費用を準備していない

準備している場合の内容（預貯金・保険の名称・その他、金額など）

●喪主を決めていますか?

□家族にまかせる
□一般的な慣習通りにしたい
□お願いしたい人がいる

名前 .... 続柄(私との関係) ....

●葬儀の世話役(葬儀委員長)を決めていますか?

□家族にまかせる
□お願いしたい人がいる

名前 .... 続柄(私との関係) ....

●戒名についての希望はありますか?

□家族にまかせる
□戒名はいらない。俗名のままで供養してほしい
□戒名を授けてほしい
□すでに戒名を授けられている

授けられている戒名は .... です。

備考

....

....

葬儀を依頼したい葬儀社を決めていますか?

□家族にまかせる
□お願いしたい葬儀社がある

会社名 ………………………… 連絡先 …………………

生前予約を ・している ・していない

葬儀の形式はどのようにしたいですか?

□家族にまかせる
□無宗教で行ってほしい
□特定の宗教儀礼にのっとって行ってほしい

具体的な宗教や宗派の希望 …………………………

菩提寺等の名称や連絡先 …………………………

香典・花輪についての希望はありますか?

□家族にまかせる
□一般的な慣習通りにしたい
□香典・花輪はいっさいお断りしたい

その理由 …………………………

□その他

具体的に …………………………

●香典返しについての希望はありますか?

□家族にまかせる
□一般的な慣習通りにしたい
□礼状だけを送り、香典返しはしない
□一部または全部を特定の団体に寄付したい

団体名 ……………… 連絡先 ………………

理由 ………………

………………

●葬儀で流す音楽はどうしたいですか?

□家族にまかせる
□音楽は流さないほうがよい
□流してほしい音楽がある

具体的に ………………

□流してほしい音楽のイメージがある

具体的に ………………

●葬儀での供花に希望はありますか?

□家族にまかせる　□供花はしなくていい
□ごく一般的な花でかまわない
□供えてほしい花がある

具体的に ....

□供えてほしい花のイメージや色がある

具体的に ....

●装飾や展示の希望はありますか?

□家族にまかせる　□装飾や展示はしてほしくない
□祭壇に飾ってほしいものがある

具体的に ....

□室内に飾ってほしいものがある

具体的に ....

●遺影はどうしたいですか?

□家族にまかせる　□遺影は飾らないでほしい
□遺影にしてほしい写真がある
写真の保管場所など

....

●次の項目中、とくに希望するものがあれば具体的に記入しましょう。

※希望がない場合は、一般的な慣習通りか、家族に一任することになります。

【料理】 出してほしいメニューがある。

【装束】 着せてほしい衣服がある（その保管場所も明記）。

【副葬品】 棺に入れてほしいものがある（その保管場所も明記）。

【会葬御礼】 文案を考えている（その保管場所も明記）。

【返礼品・会葬御礼】 何にするか考えている。

● **その他、とくに強く希望することがあれば具体的に書きましょう。**

(例「地味なのは嫌いなので、参列者には明るい服装で来てほしい」「棺は安い物でかまわない」など)

● **とくにしてほしくないことがあれば具体的に書きましょう。**

(例「死に顔は参列者に見せたくない」など)

喪主・葬儀の世話役（葬儀委員長）へのメッセージ

自分の葬儀の喪主や葬儀の世話役（葬儀委員長）へ、引き受けてくださったことへの御礼や慰労の気持ちを伝えるメッセージを書きましょう。

【私の葬儀の喪主を務めてくださった方へ】

【私の葬儀の世話役（葬儀委員長）を務めてくださった方へ】

弔問客へのメッセージ

自分の葬儀の弔問客に、メッセージを書きましょう。

会葬御礼の文面として使う、葬儀で朗読してもらうなど、どのように伝えたいか、具体的な希望も決めておきましょう。

- □会葬御礼の文面として使いたい
- □葬儀で朗読してほしい
- □その他

【弔問してくださった方へ】

埋葬

●埋葬、お墓はどのようにしたいですか？

□先祖代々のお墓に入りたい／すでに用意した生前墓がある

現在お墓がある場所

管理会社（お寺）の連絡先

□新しくお墓を建ててほしい

墓地の具体的な候補地、墓石の希望など

□永代供養墓や納骨堂、樹木葬墓地などに入りたい

具体的な候補地の希望

□散骨（自然葬）したい

□一部は墓に、一部は散骨したい

散骨の具体的な候補地と理由／その他

●分骨についての希望はありますか?

□分骨してもかまわない

具体的な分骨先の希望、連絡先など

□分骨はしてほしくない

備考

●埋葬に関する費用を準備していますか?

□費用を準備している

□費用を準備していない

準備している場合の内容(預貯金・保険の名称・その他、金額など)

Column 16

真の供養とは故人を安心させること

死はたましいの故郷へのお里帰りであり、同時に現世での修行を卒業することを意味します。

自分の死を見つめるときも、親しい人を見送るときも、先祖供養をするときにも、ぜひ、このことを忘れないでください。

死は終わりではなく、永遠の旅への再出発点。供養とは亡き人が現世での執着を断ち切り、潔くあの世へ旅立てるようエールを送ること。そのためにはまず、「私は大丈夫ですから、どうぞ安心してください」と故人のたましいに伝え、安心させてあげなくてはいけません。

ですから、どんなに別れが辛くても「私を残して逝かないで」などと縋ってはいけないのです。そんなことをすれば、故人のたましいは後ろ髪をひかれ、あの世へ旅立つことができなくなってしまうことでしょう。

悲しみは悲しみとしてきちんと受けとめ、ひとしきり泣いたら、日常の暮らしに戻ることが大切。亡き人のたましいは、愛する人の「よい生き方」を見て、それを励みにしながら浄化の旅を続けます。つまり遺された人が生き生きと人生を歩んでいく姿を見せることこそが真の供養なのです。

このことを理解すれば、供養をするうえで大事なのは、どれだけお金をかけたかではなく、いかに気持ちを込めたかであることがわかります。

〈仏壇〉故人の霊を敬う気持ちが本物であるなら、極端な話、ミカン箱に白い紙や布を敷き、位牌を祀《まつ》り、ろうそく、お線香を供えるのでかまいません。

〈位牌〉位牌は具体的な対象物を作って人の想念を込めやすくするためのものですので、白い短冊に「〇〇家の墓」と記したもので代用できます。

〈お墓〉死んだらお墓に行くと思っている人が多いようです。また、「夫と同じお墓に入りたくない」という方もいますが、お墓のなかに霊が住んでいるわけではありません。お墓にあるのは骨だけ。お墓というのは死者の霊との面会所なのです。お墓を持てる人は幸せということであって、なくてはいけないものではありません。

〈生前墓〉「生前にお墓を建てると早死にする」というのは迷信。ただし空き家状態のお墓にちゃっかり住みつく未浄化霊もいますので、土地を買うにとどめておくことをおすすめします。

〈墓石〉素材や石の色などに決まりはありません。好きな文字を刻むのも自由ですが、自然石には鉱物霊が宿っているので、加工せずに使用するのは避けましょう。

Column
17

お金は人の心がけと密接な関係にある

日本ではお金に執着するのは下品なことであるとされる傾向にありますが、といってお金がなくては食べることも住まいを持つこともできません。

そもそも、お金を欲しいと思うことだけが執着なのではないのです。お金に罪悪感を抱くことも執着。そのうえで申し上げれば、結局のところ、お金はお金が好きな人、お金を大切に扱う人のところにしか寄ってきません。

ただし、お金が人生の目的になった途端にお金は汚いものになってしまいます。お金に罪はない。汚いのはお金を扱う人の心です。

お金は生きていくための道具にすぎません。そこで、大切なのは、どこまでお金という題材を上手に活かして生きていくことができるのかということになります。

スピリチュアルな視点で見れば、自分のために使ったお金は戻ってこない、人のために使ったお金は戻ってくる。すなわちこれがお金の法則です。

ですから冠婚葬祭などの折には、惜しまずにお金を包みましょう。ケチれば、思いがけない出費が発生するなどして、結果的に同じくらいの出費、もしかすると、それ以上の出費をすることになってしまいかねません。

逆に両親に旅行をプレゼントするなど自分以外の人のために使ったお金は、必ず何らかの形で戻ってきます。親切にした相手が戻してくれるとは限らず、しかもそれはお金でないこともあるでしょう。

それでも人に親切にすれば親切が、人に愛を注げば愛が返ってくる。そうして培った信頼関係こそが財産。人との結びつきが仕事の飛躍につながるなどして、人生は開花していくのです。

病気になったり、失業したりしたときに備え、ある程度の貯金はしておくべきですが、必要以上に貯め込むのは得策ではありません。お金はあの世に持っていくことはできないのですから。そればかりかむやみに残せば、相続問題で遺族に不幸を招くことも考えられます。死後のお金の行方については、生前にきちんと定め、書き残しておくなどする。それが遺族に対する愛であることを忘れないでください。

いずれにしても最終的に頼りになるのはお金ではなく人。お金がなくても助け合えるように、人との絆を強くしておくことが、現世を生き抜くためのポイントなのです。

このようにお金は人の心がけと密接な関係にあります。お金は人生を充実させるための道具であるととらえ、今を気持ちよく生きるために使う。そのために懸命に働くというのが正しいお金の流れなのです。

供養

●年忌法要についての希望はありますか?

□家族にまかせる
□しなくてもかまわない
□七回忌ぐらいまででかまわない
□その他の希望がある(場所、規模、会食の料理なども含めて)
具体的に

●周囲の人に伝えておきたいことはどんなことですか?

(例「明るく思い出してほしい」「忘れてもらってもかまわない」など)

●その他、供養に関する希望はありますか?

(例「遺影はリビングに飾ってほしい」「お供えは甘いものがいい」など)

資産

預貯金

●金融機関名

●支店名

●預貯金の種類

●口座番号

●口座名義人

●WEB用ID

●備考

●金融機関名

●支店名

●預貯金の種類

●口座番号

●口座名義人

●WEB用ID

●備考

●金融機関名

●支店名

●預貯金の種類

●口座番号

●口座名義人

●WEB用ID

●備考

●金融機関名

●支店名

●預貯金の種類

●口座番号

●口座名義人

●WEB用ID

●備考

●金融機関名

●支店名

●預貯金の種類　　　　●口座番号

●口座名義人　　　　●WEB用ID

●備考

●金融機関名

●支店名

●預貯金の種類　　　　●口座番号

●口座名義人　　　　●WEB用ID

●備考

口座引き落としリスト

●引き落とし内容 ＿＿＿＿＿＿ ●引き落とし日 ＿＿＿＿

●金額 ＿＿＿＿＿＿

●金融機関名 ＿＿＿＿＿＿ ●支店名 ＿＿＿＿

●口座番号 ＿＿＿＿＿＿

●備考

●引き落とし内容 ＿＿＿＿＿＿ ●引き落とし日 ＿＿＿＿

●金額 ＿＿＿＿＿＿

●金融機関名 ＿＿＿＿＿＿ ●支店名 ＿＿＿＿

●口座番号 ＿＿＿＿＿＿

●備考

●引き落とし内容 ●引き落とし日

●金額

●金融機関名 ●支店名

●口座番号

●備考

●引き落とし内容 ●引き落とし日

●金額

●金融機関名 ●支店名

●口座番号

●備考

有価証券・その他の金融資産

●銘柄・株式数など

●名義人

●金融機関名　●支店名

●口座番号　●WEB用ID

●連絡先

●備考

●銘柄・株式数など

●名義人

●金融機関名　●支店名

●口座番号　●WEB用ID

●連絡先

●備考

●銘柄・株式数など

●名義人

●金融機関名　●支店名

●口座番号　●WEB用ID

●連絡先

●備考

●銘柄・株式数など

●名義人

●金融機関名　●支店名

●口座番号　●WEB用ID

●連絡先

●備考

不動産

● 種類（土地あるいは建物等）

● 所在地

● 面積　　　　● 名義人

● 委託している不動産会社

● 連絡先

● 備考

● 種類（土地あるいは建物等）

● 所在地

● 面積　　　　● 名義人

● 委託している不動産会社

● 連絡先

● 備考

●種類（土地あるいは建物等）

●所在地

●面積　　●名義人

●委託している不動産会社

●連絡先

●備考

●種類（土地あるいは建物等）

●所在地

●面積　　●名義人

●委託している不動産会社

●連絡先

●備考

生命保険・傷害保険

●保険会社名 ………………………… ●連絡先 ……………

●保険名 ……………………………………………………

●保険の種類 ……………………… ●証券番号 ……………

●契約者 …………………………… ●被保険者 ……………

●加入日 ……………… ●満期日 ……………

●保険料 ………………… ●支払期限 ……………………

●満期金額 ……………… ●満期保険金受取人 ……………

●死亡時保険金額 ……………………

●死亡時保険金受取人 ……………………

●特約（入院保障など） …………………………………………

……………………………………………………………………

●備考

……………………………………………………………………

……………………………………………………………………

……………………………………………………………………

……………………………………………………………………

●保険会社名　　●連絡先

●保険名

●保険の種類　　●証券番号

●契約者　　●被保険者

●加入日　　●満期日

●保険料　　●支払期限

●満期金額　　●満期保険金受取人

●死亡時保険金額

●死亡時保険金受取人

●特約（入院保障など）

●備考

●保険会社名 ●連絡先

●保険名

●保険の種類 ●証券番号

●契約者 ●被保険者

●加入日 ●満期日

●保険料 ●支払期限

●満期金額 ●満期保険金受取人

●死亡時保険金額

●死亡時保険金受取人

●特約（入院保障など）

●備考

●保険会社名
●連絡先

●保険名

●保険の種類
●証券番号

●契約者
●被保険者

●加入日
●満期日

●保険料
●支払期限

●満期金額
●満期保険金受取人

●死亡時保険金額

●死亡時保険金受取人

●特約（入院保障など）

●備考

火災保険・自動車保険・その他の保険

●保険会社名 ●連絡先
●保険名
●保険の種類 ●証券番号
●契約者 ●保険金受取人
●加入日 ●満期日 ●保険料
●補償内容
●備考

●保険会社名 ●連絡先
●保険名
●保険の種類 ●証券番号
●契約者 ●保険金受取人
●加入日 ●満期日 ●保険料
●補償内容
●備考

●保険会社名 ●連絡先

●保険名

●保険の種類 ●証券番号

●契約者 ●保険金受取人

●加入日 ●満期日 ●保険料

●補償内容

●備考

●保険会社名 ●連絡先

●保険名

●保険の種類 ●証券番号

●契約者 ●保険金受取人

●加入日 ●満期日 ●保険料

●補償内容

●備考

●保険会社名 ●連絡先

●保険名

●保険の種類 ●証券番号

●契約者 ●保険金受取人

●加入日 ●満期日 ●保険料

●補償内容

●備考

●保険会社名 ●連絡先

●保険名

●保険の種類 ●証券番号

●契約者 ●保険金受取人

●加入日 ●満期日 ●保険料

●補償内容

●備考

公的年金

● 基礎年金番号 ………………………………

● 年金の種類（加入したことのある年金の種類）

□ 国民年金　□ 厚生年金　□ 共済年金　□ その他

● 受給者名 ………………………………

● 受給開始日（予定）………………………………

● 受給金額（月額）………………………………

● 年金証書番号（受給者）………………………………

● 受け取り金融機関名 ………………………………

● 口座番号 ………………………………

● 連絡先（最寄りの社会保険事務所）………………………………

● 備考

私的年金

●名称

●契約会社名　　●連絡先

●証券番号

●契約者　　●保険料

●保険期間　　●受取金額

●備考

●名称

●契約会社名　　●連絡先

●証券番号

●契約者　　●保険料

●保険期間　　●受取金額

●備考

クレジットカード

●カード会社

●連絡先／紛失時の連絡先

●カード番号（全桁を記入しない）

●決済金融機関名

●口座番号　●引き落とし日

●WEB用ID

●備考

●カード会社

●連絡先／紛失時の連絡先

●カード番号（全桁を記入しない）

●決済金融機関名

●口座番号　●引き落とし日

●WEB用ID

●備考

●カード会社

●連絡先／紛失時の連絡先

●カード番号（全桁を記入しない）

●決済金融機関名

●口座番号　●引き落とし日

●WEB用ID

●備考

●カード会社

●連絡先／紛失時の連絡先

●カード番号（全桁を記入しない）

●決済金融機関名

●口座番号　●引き落とし日

●WEB用ID

●備考

電子マネー

●カード名

●紛失時の連絡先

●カード番号（全桁を記入しない）

●備考

●カード名

●紛失時の連絡先

●カード番号（全桁を記入しない）

●備考

●カード名

●紛失時の連絡先

●カード番号（全桁を記入しない）

●備考

ローン・借入金

●借入先　　●連絡先

●金額（借入残高）　　●担保の有無

●返済方法・決済金融機関名

●口座番号

●完済予定日　　●契約書の保管場所

●備考

●借入先　　●連絡先

●金額（借入残高）　　●担保の有無

●返済方法・決済金融機関名

●口座番号

●完済予定日　　●契約書の保管場所

●備考

●借入先　　　　　　　　●連絡先

●金額（借入残高）　　　　●担保の有無

●返済方法・決済金融機関名

●口座番号

●完済予定日　　　●契約書の保管場所

●備考

借金の保証人

●主債務者　　　　　　　●連絡先

●債務者　　　　　　　　●連絡先

●保証日　　　　　　　　●保証した金額

●契約書の保管場所

●備考

貸付金

●貸付先 ●連絡先

●貸付金額 ●貸付日

●契約書の有無 ●契約書の保管場所

●返済期日

●返済状況

●備考

貸金庫・会員権など、その他の資産

名称	契約先	連絡先
備考		
備考		
備考		
備考		

その他インターネット関係の備忘録リスト

名称	ID	パスワード

遺品の処分の希望

●パソコン・タブレット

□家族にまかせる

□次のように処分を希望

●インターネット上のアカウント

□家族にまかせる

□次のように処分を希望（IDなどはリストを参照）

●携帯電話・スマートフォン

□家族にまかせる

□次のように処分を希望

●日記

□家族にまかせる

□次のように処分を希望

貴金属・車・宝飾品・着物・コレクションなどの形見分けについて

※譲りたい相手が受け取りを拒否した場合は捨ててかまわない。

品目	保管場所	入手時の金額	譲りたい相手

※なお、ここに明記されていないものは処分してよい。

その場合の処分費用について

□準備していない

□準備している

備考（金額・預金名など）

Column
18

遺品の処分は速やかに

家族の死を認めたくない、あるいは片づけてしまったら故人がかわいそうだという理由から、家族が亡くなったあとも故人が生前に使っていた部屋をそのままにしておく人がいます。

けれど供養のコラムでもお伝えしたように、浄化の旅に進む故人のたましいを応援することが供養です。部屋が生前のまま存在していたのでは未練が残ってしまう。現世での居場所があると去りがたくなってしまうのです。故人のことを思うのなら、できるだけ早い段階で片づけてしまいましょう。

また遺品も、その人を象徴する数点を形見として残し、あとのものは速やかに処分してください。大切なのは心に刻まれた故人との思い出。物を捨てても思い出が消えることはありません。

ここからは、本書に書き込む作業をしている方々に向けての話になりますが、思いがけずに急死した場合に備え、自分が趣味で描いた絵画などは処分してほしい旨を書面に記しておくとよいでしょう。

あなただけが先祖代々続く宗派とは違う宗教を信仰しているという場合、仏壇などをどうするのか。処分してよいのか、どういう方法で処分するのか。宗教にまつわる問題はとくに明確に記しておく必要があると思います。

もちろん、これはこの人に渡してほしいというものがあるのであれば、きちんと具体的に記しておくこと。たとえば車や時計、着物や毛皮や宝石といったものであるなら、換金してもいいのかどうか、宝石であればリフォームしてもいいのかどうかまで添えておくようにしましょう。

死人に口なしといって、知人だという人物が現れ、本当は約束など交わしていないのに「故人と約束していたので」などと言いながら、値打ちのある品を持って行ってしまったというのは珍しい話ではありません。そうしたことを避けるためにもエンディングノートに記しておく必要があるのです。

お金や家、土地などは骨肉の争いのもとになりがち。また、欲しいのはお金ではないという場合など、わずかな相続財産であっても揉めるときには揉めます。私はかつて行っていた個人カウンセリングを通して、どちらが故人に愛されていたかといった感情論に発展し、泥沼化したケースを数多く見てきました。

誰に何を託すのか、自分はどうすることを望んでいるのか。できる限り明確にしておくことが遺族に対する愛だという認識が大切です。

Column 19

家系図を見てわかること

これまでのところで繰り返しお伝えしてきたように、私たちは各々に課題を持ち、その課題にふさわしい家族を選んで生まれてきました。家族は同じ学校で学ぶ仲間であるわけですが、問題は自分の現世での課題とは何なのか？　です。

そのことを知るために、私は親や親類縁者、ご先祖様まで遡る「家系図」の作成をおすすめしたいと思います。

現実の学校が商業科や工業科といった具合に分類されているように、あなたが選んだ家族という学び舎にも「離婚科」であるとか「借金科」であるといった特色があるはずなのです。

家系図には先祖＝ＯＢ、ＯＧの名前や自分との関係性のみならず、出身地、学歴や職業、結婚歴、離婚歴、病歴、何歳で他界したのか、死因は何だったのか、お墓はどこにあるのか。それから「大変な放蕩息子だった」「大変な努力家だった」など、人となりを表す簡単なエピソードも記しておくようにします。

あなたが女性で、家系図を作ってみた結果、親戚の女性の多くが若くして夫と死別したり、離婚してシングルマザーになったりしていることに気づいたとしましょう。その事実からは、あなたの課題が「自律心を養う」というものであることがわかります。

果敢に生き抜いたＯＧがいれば見習い、依存心が強いばかりで情けない末路を辿ったＯＧがいれば反面教師にする。そうやって人生を整えていくことが大切なのです。

物質的な視点からのみならず、霊的な視点から人生を整えるのに役立つというのが家系図作成のすごいところ。科学でいうところのＤＮＡとは、スピリチュアルな視点ではたましいの記憶のことなのです。

たとえば、親類縁者の病気の傾向を改めて調べてみたら脳梗塞が圧倒的に多かったとします。こうした流れは、「脳ドックを受診しなさい」という守護霊からのメッセージであると受けとめることができるでしょう。

因みに私も今から三十年くらい前に先祖調査をしました。幼い頃に両親を亡くしたため、自分のルーツについて、ほとんど何も知らなかったのですが、江戸末期まで遡ることができました。私の最大の目的は、先祖供養だったのですが、一つひとつ辿っていったところ、本家のお墓のある場所を知ることもできました。

亡き人の生きた軌跡を辿ることも供養の一環です。家系図は同じ学び舎出身の先輩方を敬う気持ちで作りましょう。

私________の家系図
（名前を入れましょう）

中公太郎

通称「東京のおじさん」

声が大きく豪快で楽しい人。実の娘のようにかわいがってくれた。千葉県で生まれ育ち、東京で理容師として働く。糖尿病あり。

××年○月△日胃がんで亡くなる。

78歳

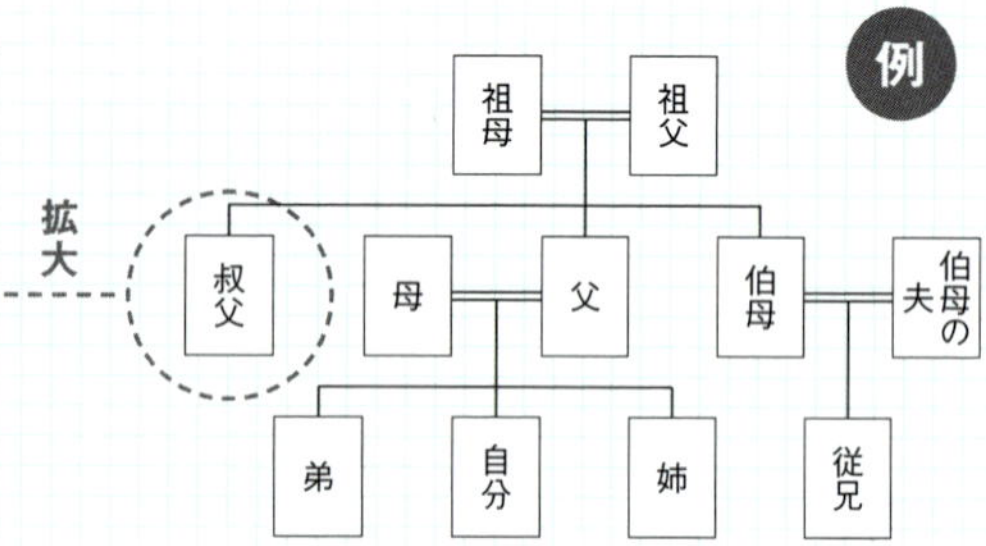

私の家系図

私＿＿＿＿＿＿＿＿が聞いた我が家の歴史・エピソード
（名前を入れましょう）

あなたの家の歴史やそれにまつわるエピソードを書きましょう。
両親のなれそめやあなたの家のルーツなど、親や親戚などから伝え聞いたこと、
自分で調べてわかったことなどを、ぜひ書き残しましょう。

私が聞いた我が家の歴史・エピソード

Column 20

年表とはたましいの履歴書

生まれた年をスタート地点に、記録しておきたい出来事を自由に書き込んであなたの年表を作りましょう（目盛りの使い方、書き方も自由です）。

まずは目を閉じて、ゆっくりと時計の針を巻き戻してみてください。あなたの脳裏をよぎるのは、家族との思い出でしょうか。青春時代の追想でしょうか。恋愛、結婚、出産、入学、入社など、自分の願いが叶ったときの喜びを回想する人もいることでしょう。

同時に愛する人との別れや大きな挫折など、悲しかったことや悔しかったことも浮かんでくるはず。そうしたインパクトのある記憶を改めて呼び起こしていただきたいのです。

科学的に考えれば、記憶とは脳に刻まれたものですが、スピリチュアル的な見解では、たましいに刻まれた喜怒哀楽の経験ということになります。つまり、あなたの年表は、あなたのたましいの履歴書なのです。

家系図を通して探ることができるのは宿命的な自分の学びですが、自分の年表から浮き彫りになるのは運命を好転させるためのヒント。

その出来事によって自分が何を学んだのかを把握し、せっかく学んだ大切なことを忘れていないかと自問自答する。あるいは、ここで学ぶべきことを学びそこなってしまったがために、同じ失敗を繰り返してきたのだと反省するなど、今後を生きるために必要な発見があること請け合いです。

また、人生にバイオリズムがあることにも気づくことでしょう。

たとえば私は、ある一定のサイクルで苦難の時期を迎えます。そのことに気づいてからは「そろそろ来るな」と察しをつけ、「何が起きてもたじろがないぞ」と腹を括って過ごすことができるようになりました。

人生のバイオリズムのことを占いでは、「運気が良い時期」「運気が悪い時期」としていますが、スピリチュアリズムの視点で見れば、苦難の時期こそが学びの時期。そこで私は、俗にいうところの「運気の悪い時期」を避けて通ることが得策だとはとらえていません。

ただし、バイオリズムが低迷している時期は、内観の時期。今は人生の作戦タイムであると割り切り、やがて確実に訪れる行動時期に向けて、知識を蓄える、自分を磨くなど準備期間として有意義に過ごすことが望ましいのです。

輝く未来は自分で作っていくもの。そのことをどうぞ忘れないでください。

私＿＿＿＿＿＿＿＿の年表
（名前を入れましょう）

＿＿＿＿年　＿＿＿＿＿＿＿＿＿＿＿＿＿＿生まれる

私の年表

本書は書き下ろしです。

江原啓之（えはら・ひろゆき）
スピリチュアリスト、オペラ歌手。一般財団法人日本スピリチュアリズム協会代表理事。吉備国際大学ならびに九州保健福祉大学客員教授。『幸運を引きよせる スピリチュアル・ブック』『スピリチュアルな人生に目覚めるために』『あなたは「死に方」を決めている』『スピリチュアル・パーゲイション』ほか著書多数。
公式ＨＰ　http://www.ehara-hiroyuki.com/
江原啓之携帯サイト　http://ehara.tv/

特別付録ＣＤ「江原啓之からのメッセージ」挿入歌
『江原啓之　スピリチュアル エナジー』より
「輝き」〜フォーレ「パヴァーヌ　作品50」
（ソニー・ミュージックダイレクト）

ＣＤ製作　株式会社ベストメディア
　　　　　コスモテック株式会社

たましいの履歴書《りれきしょ》
——あなたの宿命《しゅくめい》がわかる

2016年３月25日　初版発行

著　者　江《え》原《はら》啓《ひろ》之《ゆき》

発行者　大橋善光

発行所　中央公論新社
〒100-8152　東京都千代田区大手町1-7-1
電話　販売 03-5299-1730　編集 03-5299-1870
URL　http://www.chuko.co.jp/

印　刷　三晃印刷
製　本　大口製本印刷

Published by CHUOKORON-SHINSHA, INC.
Printed in Japan　ISBN978-4-12-004839-5　C0095

特別付録・台紙

携帯電話や手帳などに貼りましょう。

『**たましいの地図**』についている

運命をひらく「銀札」と合わせて

台紙に貼ることもできます。